DAS GRAB DES

TUTENCHAMUN

Vor- und Nachsatz: Weinende Frauen vor den Särgen der Mumie bei der **Mundöffnung**. Diese Zeremonie sollte dem Verstorbenen alle Sinne und Fähigkeiten, die er zu Lebzeiten hatte, zurückgeben.

Vorherige Seite: Dieser wunderschöne, aus Holz geschnitzte Kopf stellt Tutenchamun im Kindesalter dar. Er wird, ebenso wie der ägyptische Sonnengott, aus einer Lotosblüte geboren.

Rechts: Diese Goldmaske bedeckte Kopf und Schultern der Mumie Tutenchamuns.

Folgende Seite: So prachtvoll war eine Holztruhe im Grab des Tutenchamun bemalt. Diese Szene stellt den König als heldenhaften Krieger dar.

Fremdwörter und Fachbegriffe sind **fettgedruckt** und werden im Anhang auf Seite 62 erklärt.

Deutsche Ausgabe: © 1993 Tessloff Verlag, Nürnberg
Übersetzung aus dem Englischen: Anita König und Gertraud Meedt
Design und Zusammenstellung: © 1992 The Madison Press Limited
Text: © 1992 Nicholas Reeves and The Madison Press Limited
Illustrationen: Stephen Hutchings, Jack McMaster, Margo Stahl

ISBN 3-7886-0599-5

DAS GRAB DES

TUTENCHAMUN

von Nicholas Reeves
und Nan Froman

Tessloff Verlag / Madison Press

INHALT

Für Kate, Elizabeth, Harriet und ihre Freunde

Am Fuße der thebanischen Berge im Tal der Könige bewegt sich der Leichenzug unter der glühend heißen Sonne Ägyptens langsam vorwärts. Die Männer ziehen mit aller Kraft den schweren Goldsarg, in dem der mumifizierte Körper ihres Pharaos Tutenchamun ruht. Wehklagende Frauen und Sklaven mit einem vergoldeten Thron, bemalten Truhen und verzierten Bahren begleiten den Trauerzug. Sie haben eine Treppe erreicht, die hinab in den felsigen Wüstengrund führt, wo sich die königliche Grabkammer befindet. Dort unten, umgeben von unermeßlichen Reichtümern, soll der Geist des jungen Pharaos ewig leben.

Endlich ist der große Augenblick gekommen, von dem Howard Carter so lange geträumt hatte. Der schwere Sargdeckel war abgenommen worden. Im Innern befand sich ein zweiter goldener Sarg. Carter beugt sich hinab und entfernt mit einem Pinsel ganz vorsichtig die Reste eines brüchigen Leinentuches. In diesem Sarg befindet sich ein dritter, in dem der mumifizierte Körper des Pharaos ruht. Bald wird Howard Carter die Mumie des jungen ägyptischen Herrschers sehen können, der an einem heißen Frühlingstag vor mehr als dreitausend Jahren beigesetzt worden war.

Verschollene Schätze

London, England, 1988

**Diese beiden ägyptischen Fundstücke
wurden von Howard Carter
und Lord Carnarvon ausgegraben
und galten jahrzehntelang
als unauffindbar.**

„Kann ich Ihnen irgendwie behilflich sein, Sir?"

Ich zuckte erschrocken zusammen. „Ja, das hoffe ich." Man hatte mich zu Sotheby's, dem weltbekannten Kunstauktionshaus, gebeten, um einige antike Fundstücke zu bestimmen.

Ein kleiner Tisch in einer Ecke des Raumes war mir sofort aufgefallen, denn darauf lagen verschiedene außergewöhnliche Kunstgegenstände, die zweifellos aus dem alten Ägypten stammten. Als ich einen der bemalten Holzköpfe in die Hand nahm, begann mein Herz schneller zu schlagen. Der Stirnschmuck, eine drohend aufgerichtete Kobra, und der lange, schwarze Bart ließen eindeutig erkennen, daß hier ein ägyptischer **Pharao** abgebildet war, und zwar Amenophis III., der Großvater von **Tutenchamun**.

„Woher haben Sie diese Gegenstände?" fragte ich den freundlichen Mitarbeiter von Sotheby's. „Sie waren nämlich jahrzehntelang verschwunden, nachdem sie in Ägypten ausgegraben worden waren. Oh, Verzeihung! Ich habe mich noch gar nicht vorgestellt. Mein Name ist Nicholas Reeves. Ich arbeite für das Britische Museum", fügte ich hinzu, als ich bemerkte, daß mich mein Gesprächspartner erstaunt ansah, weil ich so in Aufregung geraten war.

„Soviel ich weiß, erhielten wir diese Stücke von Lord Carnarvon aus Highclere."

„Carnarvon", wiederholte ich. „Natürlich!"

Mir war bekannt, daß Lord Carnarvon, der heute auf Schloß Highclere lebt, ein Enkel jenes Lords Carnarvon ist, dem im Jahr 1922, zusammen mit dem **Ägyptologen** Howard Carter, die spektakulärste Entdeckung in der Geschichte der **Archäologie** gelungen war – sie hatten das Grab von König Tutenchamun gefunden.

Als Vierzehnjähriger hatte ich zum ersten Mal von Carnarvon und Carter und ihrer Ausgrabung gehört. Ich jobbte damals in unserem städtischen Museum und katalogisierte alte ägyptische Kunstgegenstände. An manch düsterem Regentag gab der Museumsarchäologe Abenteuergeschichten aus Ägypten zum besten. Meist war Howard Carter der Held dieser Erzählungen.

Carter war felsenfest davon überzeugt, daß es in Ägypten noch immer ein unentdecktes Pharaonengrab geben mußte. Er bat Lord Carnarvon, ihn bei der Suche nach dem Grab des Königs Tutenchamun zu unterstützen. Nach jahrelangen, vergeblichen Grabungen stießen die beiden Männer schließlich tatsächlich auf Tutenchamuns letzte Ruhestätte, die vor goldglänzenden Schätzen schier überquoll und seit mehr als dreitausend Jahren unberührt im Wüstensand verborgen gelegen hatte.

Die Geschichte von Lord Carnarvon und Howard Carter faszinierte mich so sehr, daß ich mich für das alte Ägypten zu interessieren begann. Später studierte ich Archäologie und wurde Ägyptologe – also ein Forscher, der sich vorwiegend mit dem Land der Pharaonen beschäftigt. Nach Abschluß meines Studiums trat ich in den Dienst des Britischen Museums in London, wo ich einer der Verantwortlichen für die wundervolle Sammlung altägyptischer Kunstschätze wurde.

Nicholas Reeves *(rechts)* **vor Schloß Highclere** *(oben),* **dem Familiensitz der Carnarvons. Niemand konnte ahnen, welche wundervollen Kunstschätze aus dem alten Ägypten sich dort in Geheimschränken befanden.**

Ich wußte, daß die Gegenstände, die ich bei Sotheby's gesehen hatte, von Carnarvon und Carter schon Jahre vor der Entdeckung von Tutenchamuns Grab gefunden worden waren. Seit jener Zeit rätselte die gesamte archäologisch interessierte Welt, wo sich diese **Artefakte** befinden mochten.

Einige Tage nach meinem Besuch bei Sotheby's, ich saß gerade an meinem Schreibtisch im Museum, klingelte das Telefon. Als ich abhob, meldete sich die Sekretärin Lord Carnarvons aus Highclere.

„Lord Carnarvon würde gern die Meinung eines Experten zu den Gegenständen aus der Sammlung seines Großvaters hören", erläuterte sie. „Bei Sotheby's berichtete man uns von Ihrem Interesse, und nun möchten wir Sie bitten, nach Highclere zu kommen und die Stücke zu begutachten, wenn es Ihnen nicht allzu viele Umstände macht."

Umstände? Ich mußte vor Aufregung erst einmal tief Luft

holen. Ich konnte es kaum erwarten, die Schätze zu Gesicht zu bekommen, die hinter den Mauern des Schlosses meiner harrten. Die Dame am anderen Ende der Leitung ließ mich noch wissen, daß Lord Carnarvon beabsichtige, die Sammlung in den Räumen von Schloß Highclere auszustellen. Ich sollte nun die verschiedenen Objekte sichten und klassifizieren, eine ausführliche Beschreibung zu jedem einzelnen anfertigen und sie für die Ausstellung arrangieren.

„Das macht überhaupt keine Umstände", beteuerte ich. „Wann werde ich erwartet?"

Als ich auf Schloß Highclere eintraf, geleitete mich der Butler in die große Eingangshalle. Beeindruckt blickte ich zu der hohen, gewölbten Decke hinauf und kam mir vor wie in einer Kathedrale. Lord Carnarvon kam mir zur Begrüßung entgegen und führte mich sogleich durch das Schloß. Alle Räume waren mit prächtigen Antiquitäten und Gemälden ausgestattet.

„Verraten Sie mir, wie und wo Sie die verschollenen Funde entdeckt haben?" bat ich den Lord.

„Aber gern", erwiderte er. „Im vergangenen Jahr entschloß ich mich, eine Bestandsaufnahme aller Gegenstände hier im Schloß, wie Möbel, Gemälde, Porzellan und Silber, anzufertigen. Ich bat ein Expertenteam von Sotheby's sowie den ehemaligen Butler meines Vaters um Mithilfe. Tagelang arbeiteten wir uns von Zimmer zu Zimmer durch das ganze Schloß. Endlich schienen wir damit fertig zu sein. Mit dem Butler ging ich abschließend noch einmal durch alle Räume, und ich erinnere mich noch ganz genau, daß ich erleichtert sagte: ‚So, das war's dann wohl.'

‚Ja, Eure Lordschaft', gab der Butler zur Antwort, ‚bis auf die ägyptischen Sachen.'

Ich sah ihn erstaunt an. ‚Welche ägyptischen Sachen? Wovon sprechen Sie überhaupt? Es gibt hier keine ägyptischen Sachen!'

Mit einem Funkeln in den Augen erwiderte der Mann: ‚O doch, die gibt es sehr wohl!' Daraufhin führte er mich zu einer Tür, die wir nie benutzt hatten. Sie verbindet das Rauchzimmer mit dem Salon. Wir schoben also den Tisch, der vor der Tür stand, beiseite, entriegelten und öffneten sie. Dahinter kam ein kleiner Geheimgang und an dessen Ende eine weitere Tür zum Vorschein."

Lord Carnarvon öffnete die Tür, und ich sah mit eigenen Augen, wovon er soeben berichtet hatte.

„Ich hatte nicht die geringste Ahnung, was sich hier verbarg", fuhr der Lord fort. „Ich war fest überzeugt, jeden Winkel des Schlosses zu kennen. Wie Sie sehen, befinden sich zu beiden Seiten des Durchgangs Geheimschränke. Der Butler öffnete damals einen davon und holte eine ägyptische Zigarettendose heraus. Er nahm den Deckel ab, und zu meinem großen Erstaunen lag eine schimmernde, blaue Perlenkette darin. Auch ich nahm eine Dose aus dem Schrank und öffnete sie voller Neugier: Die Bronzeabbildung einer ägyptischen Gottheit blickte mir entgegen."

Während Lord Carnarvon sprach, war mir aufgefallen,

Der heutige Lord Carnarvon (rechts) und der Butler seines Vaters, Robert Taylor (links), stehen vor einem der Geheimschränke, in denen so wunderbare Fundstücke, wie die unten gezeigten, jahrzehntelang versteckt lagen.

daß beide Geheimschränke in viele kleine, tiefe Fächer unterteilt waren. Der Lord erzählte mir, daß sich in jedem Fach Blechdosen befunden hatten, in denen die kostbaren Ausgrabungsgegenstände, die ich bei Sotheby's gesehen hatte, auf Watte gebettet, jahrzehntelang aufbewahrt worden waren.

„Mein Vater kann von diesen Gegenständen nichts gewußt haben, denn in seiner Gegenwart durften wir noch nicht einmal das Wort Ägypten aussprechen", sagte Lord Carnarvon. „Der Butler meinte, der Grund dafür sei all das abergläubische Geschwätz über den Tod meines Großvaters und den Fluch der Mumie gewesen."

Später unternahmen wir einen Rundgang durch das Schloß – zuerst hinunter zu den Wirtschaftsräumen, wo ich die Ausstellung vorbereiten sollte –, dann wieder hinauf, in die ehemaligen Wohnräume der Familie. In einem Zimmer fiel mein Blick zufällig auf ein seltsames Häufchen aus kleinen Holzstücken und Stroh, das hinter der staubigen Glasscheibe eines großen Bücherschranks lag.

„Ich muß das endlich einmal wegräumen lassen", meinte Lord Carnarvon, als er meinen neugierigen Blick bemerkte.

Ich sah mir die Teile genauer an. „Einen Augenblick, Eure Lordschaft. Diese Holzstückchen scheinen recht alt zu sein." Ich öffnete die Schranktür, ergriff mit jeder Hand ein Holzteilchen, und siehe da, die Stücke ließen sich nahtlos aneinanderfügen. „Wissen Sie, was das ist? Das sind Einzelteile eines uralten Schmuckkästchens!" Auf einer Fotografie in einem Buch über Howard Carters Ausgrabungen in Ägypten hatte ich die Schatulle gesehen und erkannte sie anhand der Einzelteile sofort wieder. Man hatte angenommen, das Kästchen sei für alle Zeit verlorengegangen.

Von diesem Tag an wurde das Schloß buchstäblich auf den Kopf gestellt. Lord Carnarvon stieß auf eine bronzene Miniaturaxt, die an der Lackfarbe eines Fensterbrettes klebte. In einem anderen Raum fand sich ein wunderschönes, schneeweißes Gefäß aus **Alabaster**, in dem einst Öle für die Einbalsamierung aufbewahrt worden waren. Im Zimmer der Haushälterin entdeckten wir das Bruchstück einer Steinplatte, das über und über mit **Hieroglyphen**, also Zeichen der altägyptischen Bilderschrift, bedeckt war. Selbst in einem Waffenschrank kam ein winziger, steinerner Kopf zum Vorschein. Schloß Highclere steckte wirklich voller Überraschungen.

Bevor ich mich an diesem Tag an meine eigentliche Arbeit machte, lud mich Lord Carnarvon zu einem kleinen Imbiß in die prächtig ausgestattete Bibliothek ein. „Dies ist der Raum, in dem sich mein Großvater und Howard Carter gewöhnlich trafen, um ihre Ausgrabungen im **Tal der Könige** zu besprechen", berichtete der Lord.

„Gemeinsam machten sie eine fantastische Entdeckung!" erwiderte ich bewundernd und biß genüßlich in mein Sandwich.

Das mit den herrlichsten Kunstschätzen ausgestattete Grab Tutenchamuns gehört zu den bedeutendsten und wertvollsten archäologischen Funden aller Zeiten. Noch nie hatte man eine Mumie entdeckt, die, von einer solchen Pracht umgeben, zur letzten Ruhe gebettet worden war. In den Kammern der Grabstätte stießen Howard Carter und Lord Carnarvon auf Kostbarkeiten von unschätzbarem Wert – goldene Statuen, Schmuck, vergoldete Möbel, kunstvoll gefertigte Lampen und Vasen aus Alabaster, Truhen aus **Elfenbein** und **Ebenholz** und vieles, vieles mehr – alles von den geschicktesten Handwerkern des alten Ägypten angefertigt. Vom Tag ihrer Entdeckung an üben diese Schätze eine gewaltige Faszination auf die Menschen in aller Welt aus.

Doch bevor Lord Carnarvon und Howard Carter bei ihren Ausgrabungen endlich auf die erste Steinstufe der Treppe stießen, die zu dem königlichen Grab hinabführte, mußten sie viele Jahre herber Enttäuschungen erleben.

Dies ist die Bibliothek von Schloß Highclere *(oben)*, wo Lord Carnarvon *(kleines Bild links)* und Howard Carter *(kleines Bild rechts)* ihre Ausgrabungsarbeiten in Ägypten planten. Diese Miniaturwerkzeuge *(unten)* und das winzige Tongeschirr fanden sie 1915 vor dem Grab von Amenophis III.

Die verborgenen Stufen

Kairo, Ägypten, 1907

Lord Carnarvon tastete nach der Uhr in seiner Jackentasche, während er sich von seinem Chauffeur langsam durch die von Menschen wimmelnden Straßen Kairos fahren ließ. Es war Markttag, und der Fahrer war ständig gezwungen, schreienden Eseln und Händlern mit Holzkarren, auf denen sich exotische Gemüse und Früchte türmten, auszuweichen. An jeder Ecke klopften Straßenverkäufer, die bunte Turbane trugen, an das Wagenfenster und boten Stoffe, Gewürze oder eine Tasse süßen Tee feil.

„Ich komme schon wieder zu spät", murmelte der Lord. Er war auf dem Weg zum Generaldirektor der ägyptischen Altertümerverwaltung. Dieser Beamte erteilte die **Konzession** für Ausgrabungen. Sie erlaubte es interessierten Forschern, an bestimmten Orten nach alten Kunstschätzen zu suchen.

Lord Carnarvon verbrachte seit einigen Jahren jeden Winter in Ägypten, weit entfernt von seiner Heimat und dem Familiensitz Schloß Highclere. Als junger Mann hatte er gern schnelle Wagen gefahren, was ihm schließlich beinahe zum Verhängnis geworden war. Von einem schweren Autounfall, den er in Deutschland verursacht hatte, war er nie vollkommen genesen. Seine Ärzte rieten ihm deshalb, das feuchtkalte englische Wetter zu meiden und sich längere Zeit in einem Land mit heißem, trockenem Klima aufzuhalten. Carnarvon entschied sich für Ägypten.

Der Marktplatz von Kairo wimmelt heute noch ebenso von Menschen wie zu der Zeit, als sich Lord Carnarvon in Ägypten aufhielt.

Damals verbrachten unzählige wohlhabende Nordamerikaner und Europäer ihre Zeit damit, im Wüstensand Ägyptens nach alten Schätzen zu graben. Manchmal war ihre Suche tatsächlich von Erfolg gekrönt, und auch Lord Carnarvon, der sich gerade erst für die Ärchäologie zu interessieren begann, wurde bald vom Goldfieber gepackt. Er wollte nun ebenfalls Grabungen vornehmen, um sich die Zeit auf angenehme und gleichzeitig einträgliche Weise zu vertreiben.

Also engagierte er einen Aufseher und einige Arbeiter für seine erste Grabung. Nach sechs Wochen harter Arbeit entdeckten sie schließlich die Mumie einer Katze in einem katzenförmigen Holzsarg. Doch Lord Carnarvon ließ sich davon nicht entmutigen. Für ihn stand fest, daß er nur eine geeignetere Ausgrabungsstelle haben müßte. Heute wollte er nun erfahren, was ihm der Direktor der Altertümerverwaltung für die kommende Grabungszeit anbieten könnte.

„Guten Morgen, Lord Carnarvon. Ich freue mich, Sie wiederzusehen", begrüßte ihn der Direktor. „Soviel ich weiß, möchten Sie eine andere Ausgrabungsstätte zugeteilt bekommen, nicht wahr?"

„Ja, das ist richtig", erwiderte Lord Carnarvon. „Ich hatte im vergangenen Jahr nicht allzuviel Glück. Aber ich bin sicher, daß wir an einer anderen Stelle erfolgreicher sein werden. Ich habe auch gehört, daß Sie jemanden kennen, der sich an meinen Grabungen beteiligen würde."

„Selbstverständlich können wir ein neues Gebiet für Sie finden, Eure Lordschaft, und ich möchte Ihnen vorschlagen, daß Sie die Dienste von Howard Carter in Anspruch nehmen. Er versteht wirklich viel von Ausgrabungen."

Howard Carter war im Alter von siebzehn Jahren mit einem englischen Ägyptologen, der sein zeichnerisches Talent erkannt hatte, zum ersten Mal nach Ägypten gekommen. Schon bald wurde Carter an den verschiedensten Ausgrabungsstätten beschäftigt, wo er äußerst genaue Zeichnungen der Gräber und Gegenstände anfertigte. Nach einigen Jahren harter Arbeit war er schließlich der Leiter verschiedener Ausgrabungsteams. Er hatte in der Zwischenzeit Arabisch gelernt, um sich mit den ägyptischen Arbeitern verständigen zu können, und er brachte sich selbst

bei, Hieroglyphen zu entziffern. Wenn es jemanden gab, der Lord Carnarvon helfen konnte, in der Wüste Ägyptens irgendeinen Schatz zu finden, dann war es Howard Carter.

„Aber ich möchte Sie warnen, Lord Carnarvon", fügte der Direktor hinzu. „Mein Freund ist äußerst dickköpfig."

„Diesen Herrn Carter würde ich gern kennenlernen", entgegnete Lord Carnarvon. „Denn ein dickköpfiger Mensch ist auch ein entschlossener Mensch."

Es sollte sich zeigen, daß Lord Carnarvon und Howard Carter ein perfektes Team bildeten. Von Anfang an waren sich beide einig, daß sie im Tal der Könige, der letzten Ruhestätte der ägyptischen Pharaonen, graben wollten. Sie waren fest davon überzeugt, daß dort die fantastischsten

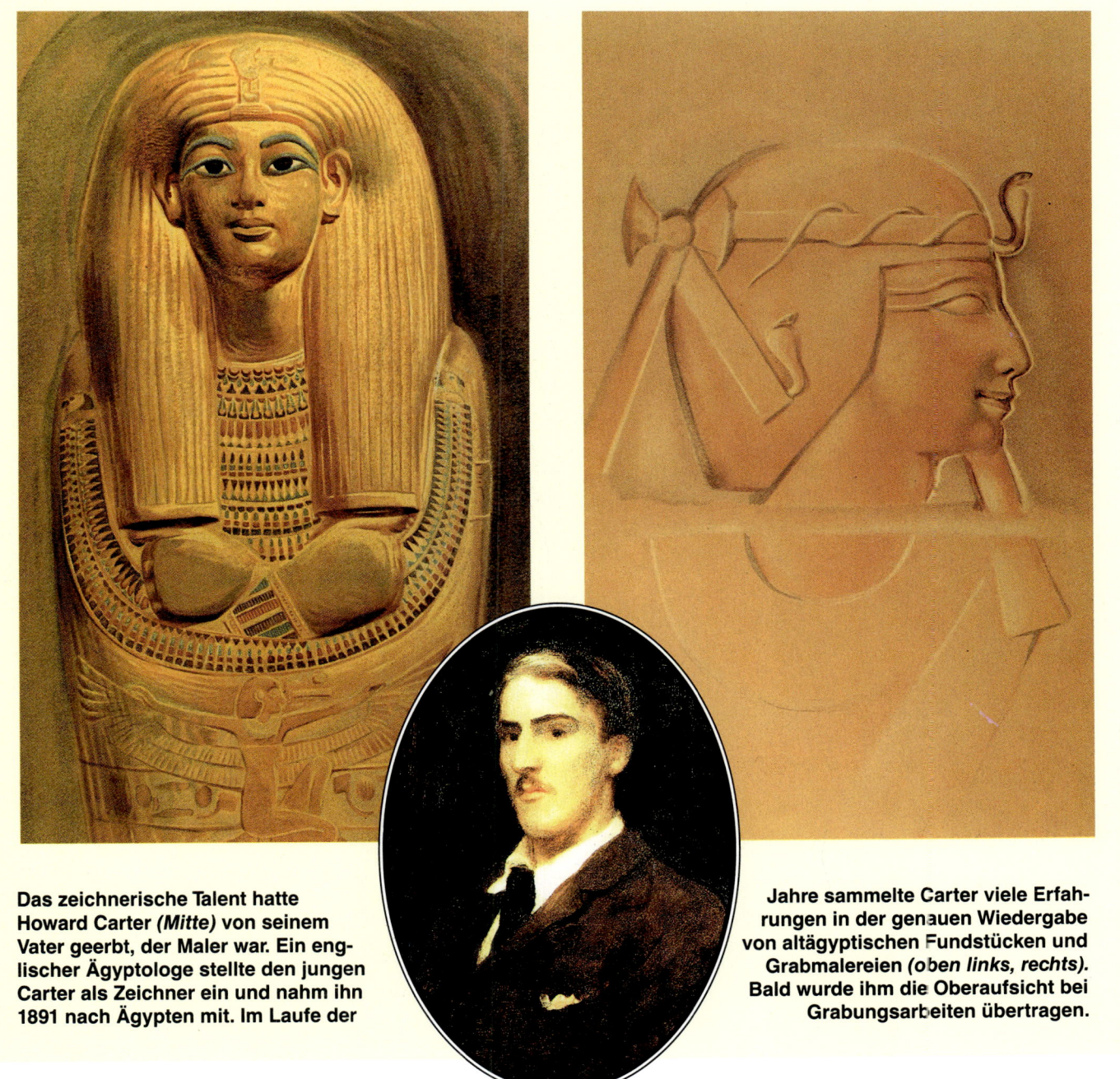

Das zeichnerische Talent hatte Howard Carter *(Mitte)* von seinem Vater geerbt, der Maler war. Ein englischer Ägyptologe stellte den jungen Carter als Zeichner ein und nahm ihn 1891 nach Ägypten mit. Im Laufe der

Jahre sammelte Carter viele Erfahrungen in der genauen Wiedergabe von altägyptischen Fundstücken und Grabmalereien *(oben links, rechts)*. Bald wurde ihm die Oberaufsicht bei Grabungsarbeiten übertragen.

Ägypten ist ein Wüstenland in Nordafrika. In altägyptischer Zeit wurden die meisten Städte, Königsgräber und

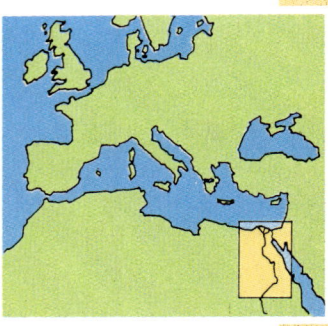

Paläste am Ufer des Nils erbaut. Noch heute kann man dort zahlreiche Reste von Bauwerken dieser hochentwickelten Zivilisation besichtigen.

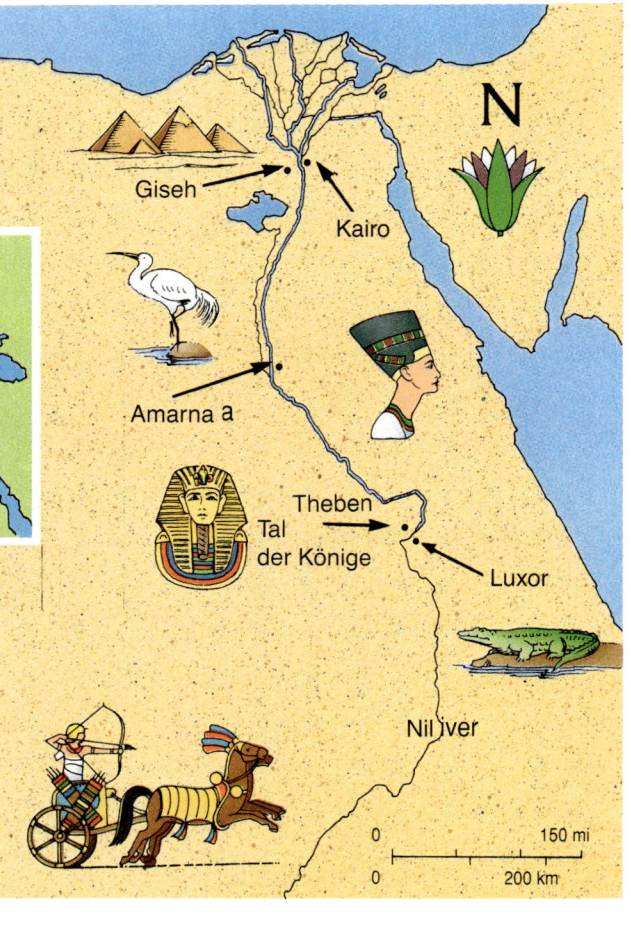

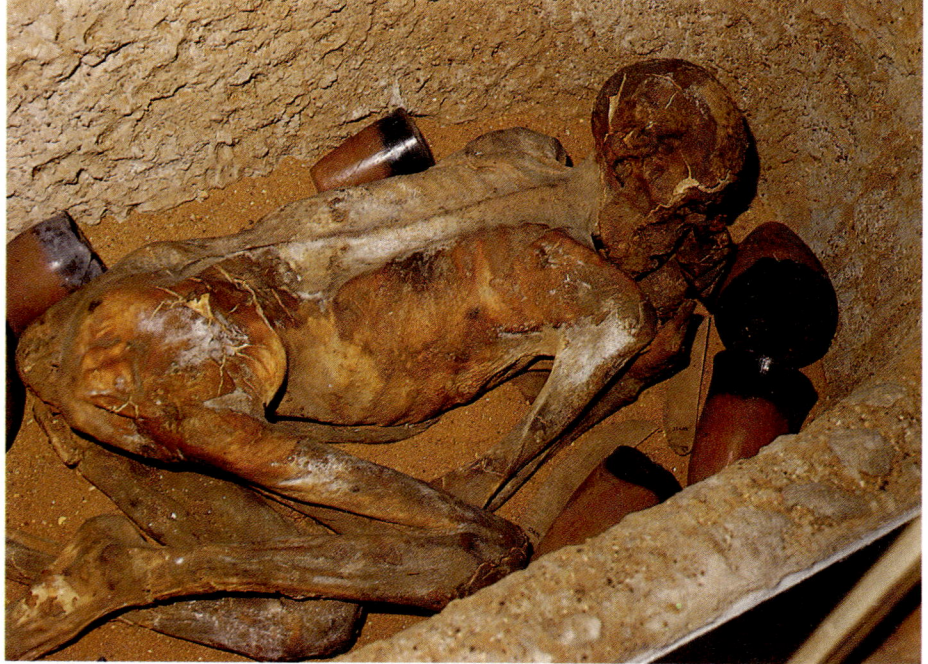

In frühester Zeit betteten die alten Ägypter ihre Toten in flachen Gruben zur letzten Ruhe. Als Wegzehrung in das Reich der Toten gaben sie ihnen Nahrung in Tongefäßen mit in das Grab. Der heiße, trockene Wüstensand entzog dem Körper des Toten Flüssigkeit und konservierte ihn. Diese Trockenmumie ist fünftausend Jahre alt.

Schätze zu finden sein würden. Doch die Grabungskonzession für diesen Ort hatte bereits der amerikanische Millionär Theodore Davis erhalten. Carnarvon und Carter blieb nichts anderes übrig, als an einer anderen Stelle mit den Ausgrabungen zu beginnen.

Im Verlauf der folgenden Jahre entdeckten die beiden Männer zwei verschollene Tempel und legten zahlreiche bedeutende Grabmale frei. Sie fanden unzählige alte Kunstgegenstände, von denen einige später in Schloß Highclere versteckt wurden. Die Ausgrabungsarbeiten verliefen sicherlich nur deshalb so erfolgreich, weil Howard Carter stets bereit war, selbst die Ärmel hochzukrempeln und tatkräftig mitzuhelfen. Er war immer zur Stelle, um auch nicht den kleinsten Hinweis zu übersehen, den die Gegenstände, die man aus dem Sand barg, geben konnten. Die Arbeit war oft sehr anstrengend und zudem gefährlich. An einer Ausgrabungsstelle stießen die Arbeiter zum Beispiel auf ein Nest mit Kobras, und nur mit knapper Not entgingen die Männer den Bissen der Giftschlangen.

Im Jahr 1915 erhielten Carnarvon und Carter die Genehmigung, das Grab von König Amenophis III. freizulegen. Räuber hatten auch diese Ruhestätte, wie alle bisher entdeckten Pharaonengräber, bereits geplündert. Howard Carter war jedoch überzeugt, daß es noch ein unberührtes Grab im Tal der Könige geben mußte – und zwar das Tutenchamuns.

Tutenchamun war vor mehr als dreitausend Jahren, als Achtjähriger, König von Ober- und Unterägypten geworden.

Sein Vater, König Amenophis IV., hatte während seiner Regierungszeit den Gott Amun und andere Gottheiten abgeschafft und den Sonnengott Aton zum neuen Staatsgott erhoben. Von diesem Zeitpunkt an nannte sich Amenophis IV. nun Echnaton, und Tutenchamun hieß jetzt Tutenchaton. Diese tiefgreifenden Veränderungen in den religiösen Vorstellungen waren vom Volk nur widerwillig an-

Die Pyramiden

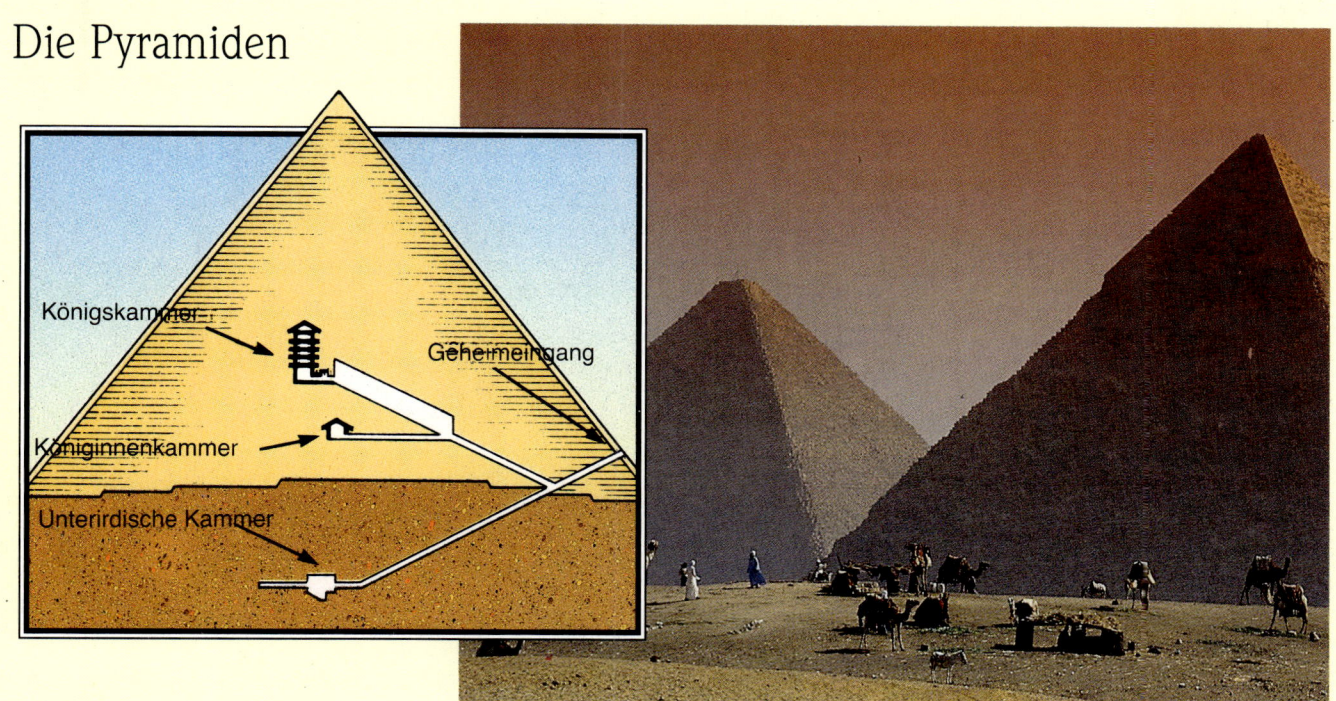

Königskammer

Geheimeingang

Königinnenkammer

Unterirdische Kammer

Für die alten Ägypter war es sehr wichtig, daß die Totenruhe der Pharaonen nicht gestört wurde. Zur Zeit Tutenchamuns war man bereits dazu übergegangen, unterirdische Grabbauten anzulegen, denn die

beeindruckenden Pyramidenbauten zogen viele Grabräuber an, die sich nicht um die Mumien kümmerten, sondern auf der Suche nach Gold und Juwelen großen Schaden anrichteten. Nicht einmal durch die langen

Gänge und den versteckten Zugang der großen Pyramide von Giseh *(oben links)* waren die Schätze von König Cheops sicher. Die Diebe leisteten ganze Arbeit: Heute sind alle ägyptischen Pyramiden leer.

genommen worden, und deshalb wurde die Verehrung des Gottes Amun bald nach Echnatons Tod wieder zugelassen.

Tutenchamun war bei seiner Thronbesteigung noch viel zu jung, um einen eigenen politischen Willen zu haben, geschweige denn, ihn durchzusetzen. Die wirklichen Machthaber im Staat waren andere: zum Beispiel Haremhab, der Oberste General und Stellvertreter des Königs, sowie Eje, der ehemalige Sekretär Echnatons. Er bestieg den ägyptischen Thron, nachdem Tutenchamun im Alter von noch nicht einmal achtzehn Jahren gestorben war.

Der frühe Tod Tutenchamuns wird wahrscheinlich für alle Zeiten ein Geheimnis bleiben. Natürlich gab es Spekulationen über die Schädelverletzungen, die an der Mumie festgestellt wurden. Doch man wird wohl nie erfahren, ob der junge Pharao eines natürlichen oder eines gewaltsamen Todes starb.

Howard Carter war sich sicher, daß Tutenchamun in einer geheimen Grabstätte ruhte, die im Tal der Könige tief in den Fels gehauen sein mußte, wie es zu jener Zeit in Ägypten üblich war. Er verfolgte alle Entdeckungen, die dort über die Jahre gemacht wurden, äußerst aufmerksam. Doch es blieb dabei: Das einzige Grab eines Pharaos, das unauffindbar schien, war das Grab Tutenchamuns.

Gewiß war er mit all den Gaben bestattet worden, die er nach dem Glauben der alten Ägypter für das Leben im Totenreich benötigte.

Wenn es Carter gemeinsam mit Lord Carnarvon gelänge, Tutenchamuns unberührtes Grab zu finden, wären sie die ersten Forscher, die herausgefunden hätten, wie Pharaonen in altägyptischer Zeit beigesetzt wurden. Und falls sie **Papyrus**rollen in Tutenchamuns Grab entdecken würden, könnten diese vielleicht etwas Licht in das Dunkel seiner kurzen Regierungszeit bringen.

Als Carter und Lord Carnarvon endlich die langersehnte Konzession zum Graben im Tal der Könige erhielten, brach der Erste Weltkrieg aus. Sie konnten deshalb erst 1917 mit den Ausgrabungsarbeiten beginnen.

Carter ritt auf einem Esel hinunter in das stille, einsame Tal, es war noch sehr früh am Morgen. Nach kurzer Zeit kam eine Gruppe von Männern und Knaben in langen, weißen Gewändern in Sicht. Der Wind wehte Carter einige arabische Wortfetzen entgegen.

„Herr Carter, hallo!"

Howard Carter winkte Ahmed Gurgar, einem Reis – was auf arabisch soviel wie Vorarbeiter bedeutet. „Kommen Sie her, Reis Ahmed. Wir sollten unseren ‚Schlachtplan' besprechen."

Die beiden Männer gingen in die Hocke und breiteten eine große Karte vor sich aus, auf der das Tal der Könige eingezeichnet war. Die Aufgabe, die sie sich gestellt hatten, war gewiß nicht leicht. Der Boden unter ihren Füßen war von anderen Forschern schon mehrfach umgegraben worden, doch es gab keine genauen Aufzeichnungen darüber,

welche Gebiete noch unberührt waren. Carter entschied, daß sie das gesamte Tal umgraben und sich planmäßig bis auf den Felsboden hinab durcharbeiten mußten.

Die Tage vergingen. Die Sonne brannte gnadenlos auf Hunderte Knaben und junge Männer hernieder, die Schwerstarbeit verrichteten. Sie schlugen mit Pickeln und Hacken auf das Gestein ein und trugen es in Körben auf eine Halde. Um die Unmengen an Sand und Gestein wegzubringen, hatte Carter sogar Schienen verlegen lassen, und die Arbeiter schoben darauf Karren mit Schutt quer durch das Tal.

Am Ende dieser ersten Ausgrabungssaison war die Ausbeute gleich Null. Die zweite und dritte Saison ging vorüber, doch Carter fand keinen Hinweis auf Tutenchamuns Grab. Im Jahr 1920 war der einzige Fund ein Versteck mit dreizehn herrlichen Alabastergefäßen. Das Jahr 1921 brachte wieder keine bedeutenden Entdeckungen.

SCHLOSS HIGHCLERE, HAMPSHIRE, ENGLAND, 1922

Ich freue mich, Sie zu sehen, Sir. Bitte nehmen Sie in der Bibliothek Platz. Ich werde Seiner Lordschaft melden, daß Sie angekommen sind", sagte der Butler zur Begrüßung.

„Herzlich willkommen in der Heimat, Herr Carter!" Lord Carnarvon kam Howard Carter mit einem strahlenden Lächeln entgegen. „Ich muß gestehen, ich bat Sie eigentlich hierher, weil wir dringend über unsere Ausgrabungen im Tal der Könige sprechen müssen."

„Das hatte ich befürchtet, Eure Lordschaft, und . . ."

„Tatsache ist", fügte Lord Carnarvon eilig hinzu, „daß ich die Mittel für eine weitere Ausgrabungssaison einfach nicht aufbringen kann. Wir haben jetzt fünf Jahre lang unser Glück versucht, und was ist dabei herausgekommen? Nichts! Ich denke, Sie werden mir zustimmen müssen, daß sich Tutenchamuns Grab nicht im Tal der Könige befindet."

Howard Carter holte tief Luft und zog eine zerknitterte, verschlissene Landkarte aus seiner Jackentasche. Er breitete sie vorsichtig auf seinen Knien aus und strich sie glatt. Carter räusperte sich und erwiderte: „Es gibt nur noch dieses dreieckige Stück Land im Tal, das wir bisher nicht untersucht haben. Es befindet sich genau hier, am Fuß des Grabes von Ramses VI." Howard Carter umschrieb die Gegend mit dem Zeigefinger. „Solange es noch eine unberührte Stelle im Tal gibt, solange müssen wir unsere Suche fortsetzen."

„Es tut mir leid, Sie enttäuschen zu müssen, Carter, aber mein Entschluß steht bereits fest."

Howard Carter sah Lord Carnarvon mit festem Blick an. „Wenn Sie damit einverstanden sind, Eure Lordschaft, werde ich mit meinen Ersparnissen für die Kosten einer weiteren Ausgrabungssaison aufkommen. Und sollte ich tatsächlich auf das Grab stoßen, gehört der Fund selbstverständlich Ihnen, denn die Konzession ist auf Ihren Namen ausgestellt."

Lord Carnarvon heftete seinen Blick einen Moment lang auf die Landkarte, sah dann Howard Carter prüfend in die Augen und zündete sich eine Zigarette an. Schließlich

Vom pyramidenförmigen Gipfel des Berges aus überblickt man das Tal der Könige und auch Dair Al Bahri, wo sich der Tempel von Königin Hatschepsut (großes Foto) befindet. Hier hatte Howard Carter vor der Entdeckung von Tutenchamuns Grab gearbeitet. Als Lord Carnarvon die Grabungsgenehmigung erhielt, glaubte kaum jemand, daß es noch ein unversehrtes Grab im Tal der Könige geben würde. Während der ersten Grabungssaison fanden sie nur eine mumifizierte Katze in einem hölzernen, katzenförmigen Sarg (ganz links). Im Jahre 1920 gruben die Arbeiter einige Alabastergefäße aus (links).

meinte er: „Ein äußerst großzügiges Angebot, lieber Carter, aber das kommt gar nicht in Frage. Ich gebe mich geschlagen – wir graben weiter, aber keinesfalls länger als eine Saison! Selbstverständlich werde ich sämtliche Kosten tragen."

Howard Carter fiel ein Stein vom Herzen. Hätte er das Geld für die Ausgrabungsarbeiten tatsächlich aufbringen müssen, wer weiß, ob sein Erspartes dafür gereicht hätte. Doch jetzt hatte er noch einmal die Möglichkeit erhalten, das königliche Grab zu finden.

Er kehrte unverzüglich nach Ägypten zurück. Abdul Ali, sein Diener, und Ahmed Gurgar holten ihn vom Bahnhof in Luxor ab.

Carter lächelte, als ihn die beiden Männer begrüßten. „Wir haben noch eine letzte Chance", erklärte er ihnen.

In diesem Augenblick ertönte ein fröhliches Pfeifen aus Carters Gepäck. Abdul und Ahmed starrten ihren Chef verwirrt an. Er zog das Tuch weg, das eines der Gepäckstücke bedeckte, und zum Vorschein kam ein Käfig, in dem ein zitronengelber Kanarienvogel saß.

„Ein goldener Vogel!" rief Ahmed. „So Allah will, wird er uns zum Grab führen, Herr."

In den folgenden Tagen planten Howard Carter und Ahmed Gurgar sorgfältig das weitere Vorgehen. Sie waren übereingekommen, die Ausgrabungen direkt unterhalb des Grabes von Ramses VI. fortzusetzen, wo sie bereits auf die Überreste von Steinbaracken gestoßen waren, die wohl den Erbauern des Grabmals als Unterkunft gedient hatten. Innerhalb weniger Tage gelang es ihnen, diese Mauerreste abzutragen. Dann begannen sie, die darunter liegende Geröllschicht bis zum Felsen hin wegzuräumen.

Als Howard Carter am nächsten Morgen an der Grabungsstelle ankam, überraschte ihn ein ungewohntes Schweigen der Arbeiter. Niemand schwatzte oder sang wie gewöhnlich, und auch die Arbeit schien vollkommen zu ruhen. Es muß ein Unglück geschehen sein, dachte er erschrocken und stieg eilig von seinem Esel.

Reis Ahmed kam ihm entgegengelaufen. Dem Vorarbeiter folgte ein schüchterner Junge, einer der Wasserträger.

„Herr Carter!"

„Ja, was ist? Was ist passiert?" fragte Carter besorgt, denn er befürchtete, daß etwas Schlimmes geschehen war.

Kurz nach der Entdeckung von Tutenchamuns Grab tötete eine Kobra Howard Carters Kanarienvogel.

Er sah den Jungen von oben bis unten an, konnte aber keinerlei Verletzung an ihm feststellen.

„Denken Sie nur, Herr Carter, dieser Junge hat eine Stufe entdeckt, die in den Fels gehauen ist." Ahmed Gurgar berichtete in aller Eile, wie der Junge mit der Ferse ein Loch in die Erde gegraben hatte, um einen Wasserkrug sicher abzustellen, als er plötzlich auf etwas Hartes, Kantiges gestoßen war. Er hatte nach dem Vorarbeiter gerufen, und in kürzester Zeit war es ihnen gelungen, eine Stufe freizulegen.

Mit klopfendem Herzen lief Carter hinüber zu der Stelle, um die sich die Arbeiter versammelt hatten. Da sah er sie – eine in den Fels gehauene Steinstufe! Konnte dies womöglich der Eingang zu Tutenchamuns Grab sein? Carter war plötzlich erfüllt von Tatendrang und Ungeduld. „Zurück an die Arbeit", rief er so laut er konnte auf arabisch. „Aber bitte, arbeitet von nun an mit größter Vorsicht." Er zog seine Jacke aus, griff nach einer Schaufel und begann, selbst zu graben.

Im Laufe des folgenden Tages hatten sie zwölf Stufen freigelegt. Die Treppe führte ziemlich steil in den Fels hinab. Auf diese Weise hatte man zur Zeit Tutenchamuns Grabeingänge angelegt. Bei Sonnenuntergang stießen sie dann auf eine Türöffnung, die mit großen Steinblöcken zugemauert und mit Nilschlamm verputzt worden war. In den Mörtel hatte man zahlreiche handtellergroße Siegel eingedrückt. Die einzigen Hieroglyphen, die Carter entziffern konnte, waren die Siegel der Verwaltung der **Nekropole:** der Schakal über den neun gefesselten Gefangenen. Er wußte, dies konnte nur bedeuten, daß hier eine hochstehende Persönlichkeit begraben lag. Aber wer? Auf der Suche nach einem Anhaltspunkt bohrte er ein Guckloch, das gerade so groß war, daß eine Lampe hindurchpaßte. Was er sah, war nicht überwältigend: Der Gang war vom Boden bis zur Decke mit Steinen und Geröll aufgefüllt.

Am liebsten hätte Carter die Mauer des Eingangs sofort niedergerissen. Doch es wurde bereits dunkel, und zudem wollte er unbedingt seinem Freund und Auftraggeber, Lord Carnarvon, von dem Fund berichten und ihm Gelegenheit geben, bei der Graböffnung dabeizusein. So ließ er die Treppe aus Sicherheitsgründen wieder zuschütten und von seinen zuverlässigsten Arbeitern bewachen.

Am nächsten Morgen gab er in Luxor ein Telegramm an Lord Carnarvon auf. Er telegrafierte auch seinem alten

Freund Arthur Callender, einem Archäologen. Howard Carter war überzeugt, sich in den kommenden Monaten voll auf Callenders Unterstützung verlassen zu können, falls ihm wirklich eine bedeutende Entdeckung gelungen sein sollte.

In Schloß Highclere saßen Lord Carnarvon und seine Tochter, Lady Evelyn, gerade beim Tee, als der Butler mit einem Briefumschlag auf einem silbernen Teller eintrat. Lord Carnarvon nahm den Umschlag entgegen und riß ihn ungeduldig auf, als er sah, daß es sich um ein Telegramm handelte. Lady Evelyn sah ihm über die Schulter und las:

HABE ENDLICH WUNDERBARE ENTDECKUNG IM TAL GEMACHT – EIN GROSSARTIGES GRAB MIT UNBESCHÄDIGTEN SIEGELN – BIS ZU IHRER ANKUNFT ALLES WIEDER ZUGESCHÜTTET – GRATULIERE – CARTER.

„Was hältst du von einer Reise nach Ägypten?" fragte Lord Carnarvon seine Tochter und schmunzelte.

Als Carter an diesem Abend nach Hause kam, war er völlig erschöpft. Er hatte tagelang kaum gegessen oder geschlafen, und er freute sich auf ein erfrischendes Bad. An der Tür empfing ihn Abdul Ali. In der Hand hielt er einige gelbe Federn. Mit großen, vor Entsetzen geweiteten Augen sah der Diener Carter an.

„Der goldene Vogel ist tot. Eine Kobra hat ihn getötet", stieß er aufgeregt hervor.

„Das arme Tier! Wir müssen unbedingt nachsehen, ob die Schlange noch im Haus ist", erwiderte Carter.

Abdul zog Carter am Ärmel. „Die Königsschlange hat den Vogel gefressen, weil er das Geheimnis des Grabes preisgegeben hat."

„Wie bitte? Das ist abergläubischer Unsinn!" wies ihn Carter zurecht.

„Sie dürfen das Grab nicht öffnen!" beharrte Abdul, huschte an Carter vorbei nach draußen und verschwand in der Dunkelheit.

Nachdem die Arbeiter einige Stunden gegraben hatten, erkannten sie, daß die Stufen hinunter in ein Grab führen mußten, das in den Fels gehauen war *(unten)*. Howard Carter fertigte diese Zeichnung von einem Siegel *(oben)* an, dessen Abdruck deutlich im Putz des zugemauerten Eingangs zu erkennen war. Es zeigt einen Schakal über neun Gefangenen. Carter wußte, daß dieses Siegel nur an königlichen Gräbern angebracht wurde. Doch wessen Grab konnte das sein?

ZWEITES KAPITEL

Der Tag aller Tage

Tal der Könige, Ägypten, 1922

(Kleines Foto v. l. n. r.) Lady Evelyn,
Lord Carnarvon, Howard Carter und Arthur
Callender stehen auf der Treppe *(großes Foto)*,
die zu einem geheimnisvollen Gang führt.

Hallo, hier sind wir", rief Lady Evelyn. Sie winkte Howard Carter aus einem Abteilfenster zu, als der Zug in den Bahnhof von Luxor einfuhr.

Zweieinhalb Wochen, nachdem Carter das Telegramm geschickt hatte, traf Lord Carnarvon mit seiner Tochter schließlich in Ägypten ein. Howard Carter kam ihnen auf dem Bahnsteig entgegen, um sie willkommen zu heißen. Endlich, dachte er bei sich, werde ich sehen, was sich hinter dem versiegelten Eingang befindet.

Lord Carnarvon stieg steifbeinig aus dem Zug. Er stützte sich schwer auf seinen Spazierstock. „Also, Carter, was haben Sie für Neuigkeiten?"

„Ich werde sie Ihnen sofort zeigen, Eure Lordschaft, oder sind Sie zu müde von der Reise?" entgegnete Carter.

„Unsinn. Wir brennen darauf, die Ausgrabungsstätte zu besichtigen, nicht wahr, Evelyn?" Lord Carnarvon lächelte seiner Tochter zu.

Auf Eseln ritt die kleine Gruppe in das etwa zehn Kilometer entfernte Tal der Könige. Arthur Callender, der schon vorher eingetroffen war, hatte inzwischen Sorge getragen, daß die Treppe und der Grabeingang zum großen Teil wieder freigelegt worden waren.

„Wie aufregend!" rief Lady Evelyn beim Anblick der Stufen aus, die hinab in rätselhafte Finsternis führten. Im Licht des zur Neige gehenden Tages untersuchten sie die geheimnisvollen Siegelabdrücke auf dem vermauerten Zugang. Es war nun bereits zu spät, um auch noch die restlichen Stufen freizulegen. Man kam deshalb überein, die Arbeiten am nächsten Tag fortzusetzen.

In aller Frühe trafen Howard Carter und seine Freunde an der Ausgrabungsstätte ein. Die ägyptischen Arbeiter freuten sich, Lord Carnarvon wiederzusehen. Sie winkten ihm schon von weitem zu. Carter staunte, mit welcher Geschwindigkeit die Arbeiter die restlichen Stufen freilegten und das Geröll die Treppe hinaufschafften. Alle waren äußerst gespannt, endlich sehen zu können, was sich hinter dem vermauerten Zugang verbarg.

Schließlich war der Blick auf den Eingang in seiner vollen Höhe frei. Howard Carter beugte sich noch einmal hinab, um die Siegel zu begutachten, die erst an diesem Morgen freigelegt worden waren. Lord Carnarvon und Lady Evelyn drängten sich hinter ihm. Die Siegel am Fuße der Tür waren besser zu entziffern als die anderen, und es gelang Carter, einen Namen zu lesen.

„Tutenchamun!" buchstabierte er voller Ehrfurcht. Sollte es ihm schließlich doch gelungen sein, das Grab des jungen Pharaos der Vergangenheit und dem Vergessen zu entreißen?

(Oben) Das Geröll aus dem unterirdischen Gang wird von Jungen in Körben weggetragen. Carter fand in dem Schutt neben anderen Dingen auch diesen wunderschön bemalten, aus Holz geschnitzten Kopf des Pharaos als Kind (rechts), der hier, wie der ägyptische Sonnengott, aus einer Lotosblüte geboren wird.

„Aber sehen Sie nur", fuhr Carter fort, und alle Zuversicht verließ ihn, „der Durchgang wurde bereits teilweise geöffnet und wieder verschlossen." Er deutete auf die obere linke Ecke, wo der Mörtel ausgebessert worden war. „Irgend jemand muß das Grab aufgebrochen haben."

„Zweifellos Grabräuber", bemerkte Lord Carnarvon grimmig. „Sieht so aus, als ob sie sogar zweimal eingedrungen wären. Hier oben ist noch eine ausgebesserte Stelle."

Howard Carter wußte nicht, was er von der Sache halten sollte. Er befürchtete jedoch, daß auch dieses Grab ausgeraubt worden war.

Dennoch wollte er sich seine Bedenken nicht anmerken lassen. Er kauerte sich, mit einem Zeichenblock in der Hand, nieder und hielt den Zugang in allen Einzelheiten auf dem Papier fest, während Lord Carnarvon die Siegel fotografierte. Dann begannen sie, die Mauer Stein um Stein abzutragen. Wie Carter schon wußte, war der dahinter liegende, leicht abfallende Gang vollständig mit Steinen und Geröll angefüllt. Man konnte jedoch erkennen, daß ein Tunnel hindurchgegraben und vor langer Zeit wieder aufgefüllt worden war. Für Carter stand sofort fest, daß Plünderer den Tunnel gegraben hatten.

Die Arbeiter brauchten fast zwei Tage, um den ungefähr acht Meter langen Gang auszuräumen. Die kräftigsten Männer schaufelten den Schutt in Körbe. Jungen bildeten eine lange Kette. Sie reichten die schweren Körbe den

Korridor entlang und die Treppe hinauf, wo sie neben dem Grabeingang ausgekippt wurden. Zwischen dem Geröll fand Carter einige interessante Gegenstände, unter anderem eine wunderschöne, aus Holz gefertigte und bemalte Darstellung des jungen Königs Tutenchamun, dessen Kopf aus einer Lotosblüte emporwächst. Möglicherweise hatten die Diebe das kleine Kunstwerk auf der Flucht zurücklassen müssen.

Dann, am frühen Nachmittag des 26. November, wurde knapp zehn Meter hinter dem Eingang ein zweiter, versiegelter Eingang entdeckt, der dem ersten haargenau glich. Auf einigen Siegelabdrücken war der Name Tutenchamun wieder deutlich zu lesen. Im oberen Teil des Eingangs konnte man Spuren der halbkreisförmigen Öffnung sehen, die die Diebe in die Mauer geschlagen hatten. Die Priester der Königstotenstadt hatten sie offenbar wieder verschlossen und versiegelt. Diese Öffnung war wahrscheinlich gerade groß genug, daß sich ein erwachsener Mann hindurchzwängen konnte.

Mit einer Eisenstange bohrte Howard Carter ein kleines Loch in den oberen Teil des vermauerten Eingangs. Vorsichtig schob er sie durch die Öffnung. Die Stange traf auf keinen Widerstand. Also mußte sich dahinter eine Kammer befinden!

„Zündet eine Kerze an", bat Carter. Lady Evelyn reichte sie ihm, und er hielt die Flamme in die dreitausend Jahre alte Luft. Er wollte sicher sein, daß sich keine giftigen Gase gebildet hatten. Die Kerzenflamme erlosch nicht – also bestand keine Gefahr.

Er griff wieder zu der Eisenstange und vergrößerte das Loch. Dann hielt er die Kerze in die Öffnung und spähte hinein.

Zuerst konnte er nichts sehen, da die Kerzenflamme durch die aus der Kammer entweichende heiße Luft flackerte. Als sie dann aber ruhiger brannte, durchdrang das Licht die nachtschwarze Dunkelheit der Kammer. Sekundenlang herrschte atemlose Stille.

„Können Sie etwas sehen?" fragte Lord Carnarvon schließlich voller Ungeduld.

Carter wagte kaum zu atmen. Er konnte den Blick nicht abwenden. „Ja", antwortete er endlich mit zitternder Stimme, „wunderbare Dinge!"

Nachdem sich seine Augen an das gedämpfte Licht gewöhnt hatten, waren im Innern der Kammer Einzelhei-

ten wie aus dem Nebel aufgetaucht: seltsame Tiere, Statuen, Vasen, Möbel und Gold, überall glänzendes, schimmerndes Gold!

Endlich riß sich Carter von dem faszinierenden Anblick los, um den anderen Platz zu machen, denn auch sie konnten es kaum erwarten, einen Blick auf die Schätze zu werfen.

„Wollen wir hineingehen?" fragte er noch und war schon dabei, die Öffnung zu vergrößern.

Einige Minuten später stiegen Lord Carnarvon, Lady Evelyn, Howard Carter und Arthur Callender durch das Schlupfloch in die Kammer.

Sie müssen sich wie Eindringlinge gefühlt haben.

Ein zarter Duft süßlichen Parfüms oder Öls lag in der stickigen Luft. Man hätte denken können, noch vor ein paar Tagen sei jemand in der Kammer gewesen:

Da stand eine rußgeschwärzte Lampe, und dort lag ein Strauß vertrockneter Blumen auf der Erde. Die Blätter und

Als Carter einen ersten Blick in die Vorkammer werfen konnte, ahnte er, daß seit mehr als dreitausend Jahren kein Mensch diese Pracht gesehen hatte. Dies mußte das Grab eines Pharaos sein.

Blüten waren noch gut erhalten, und es war kaum vorstellbar, daß sie bereits seit über dreitausend Jahren hier lagen.

Den Forschern bot sich ein überwältigender Anblick, der sie vor Ehrfurcht verstummen ließ. Das Licht ihrer Kerzen warf wild zuckende Schatten an die Wände, während sie versuchten, das Wunder vor ihren Augen zu begreifen. Sie erblickten mit feinen Schnitzereien und Einlegearbeiten verzierte Sessel, Stühle, Liegen und einen vergoldeten Thronsessel. Daneben standen wunderschöne Alabastervasen mit durchbrochenen Mustern und farbenprächtig bemalte Schatullen und Truhen. Drei große, vergoldete Bahren mit schaurigen Tierköpfen zogen die Blicke auf sich. Lord Carnarvon ließ seine Hand über den Rücken eines der Tiere gleiten, das halb wie ein Krokodil, halb wie eine Löwin aussah, mit dem Kopf eines Nilpferdes, das furchtbare Maul weit aufgerissen.

„Die mächtige Göttin Toëris", flüsterte Carter, die Beschützerin der Frauen, die die Seelen der Gottlosen verschlingt."

Lady Evelyn wandte sich um, ihr stockte der Atem. An der Wand lehnten Räder, Gestelle, Achsen und Deichseln mehrerer Prunkwagen, völlig durcheinander und so hoch aufgetürmt, daß sie jeden Augenblick auf Lady Evelyn herabzustürzen drohten. „Hier sieht es ja aus wie nach einem Erdbeben!"

„Das war kein Erdbeben", meinte Carter. „Das ist das Werk der Grabräuber, die im Goldrausch alles beiseite geworfen haben, was sie nicht mitnehmen konnten."

An einer anderen Wand standen sich zwei lebensgroße, schwarze Wächterstatuen gegenüber, mit goldenem Schurz und goldenen Sandalen. Als wollten sie die Eindringlinge vertreiben, hielten sie Stab und Keule ab-

Die Bahren mit den Tierköpfen

In der Vorkammer sah Carter als erstes drei vergoldete Bahren in Tiergestalt *(oben).* **Eine Bahre trug Löwenköpfe** *(Mitte links),* **eine andere Kuhköpfe** *(Mitte rechts),* **und die dritte stellte die Göttin Toëris dar** *(unten),* **halb Krokodil, halb Löwin mit dem Kopf eines Nilpferdes. Bis zum heutigen Tag wissen die Ägyptologen nicht mit Sicherheit, welchem Zweck die Bahren dienten.**

Unter einer der Bahren *(oben)* entdeckte Lord Carnarvon ein Loch in der Wand, das in eine Kammer führte. Dieser mit Einlegearbeiten reich verzierte Sessel *(unten)* wurde im Durcheinander der Seitenkammer gefunden.

wehrend in Händen, und an der Stirn richtete sich die heilige Kobra auf.

Die vier Forscher waren tief beeindruckt von der Pracht, die sie vorgefunden hatten. Sie entschlossen sich, die Schätze nicht sogleich, sondern erst am folgenden Tag eingehender zu untersuchen.

Am nächsten Morgen legte Arthur Callender elektrisches Licht in die Kammer. Im Schein der Lampen funkelte und glänzte der Raum nur so vor Gold. Die Neugier siegte bald über ehrfürchtige Zurückhaltung. Howard Carter öffnete eine der Truhen. Darin lagen ein kostbares, mit Tausenden von bunten Glasperlen besticktes Leinengewand und drei Paar reich in Gold gearbeitete, elegante Sandalen.

„Seht nur, eine Schlange!" rief Lady Evelyn voller Entzücken, als sie eine aus Holz geschnitzte, vergoldete Schlange, die aus einem schwarzen Schrein hervorlugte, entdeckt hatte.

Plötzlich kniete Lord Carnarvon vor der Bahre mit dem Nilpferdkopf nieder. „Hier ist ein Loch in der Wand –

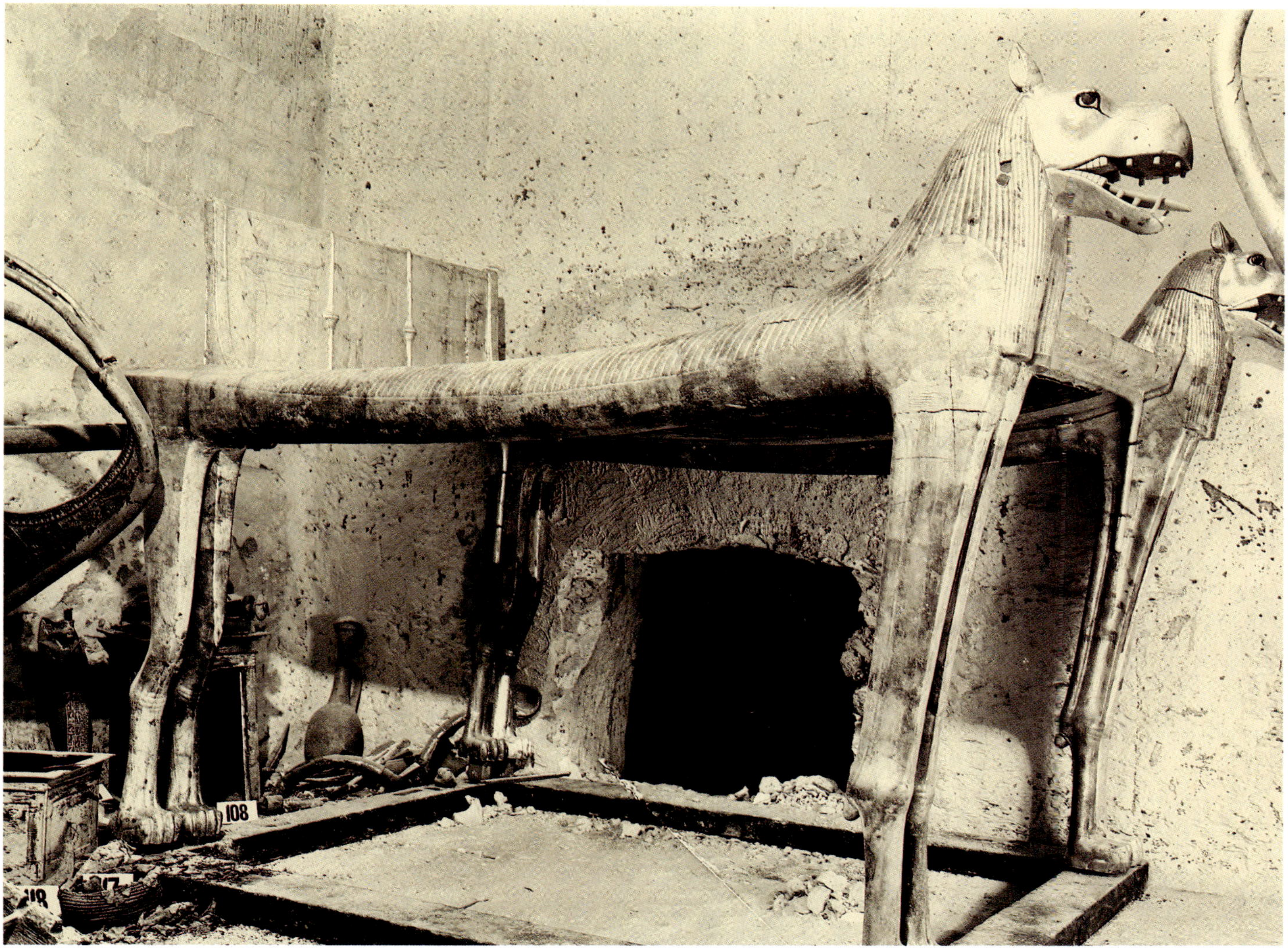

dahinter ist vielleicht noch eine Kammer." Carter hockte sich neben Lord Carnarvon, und im Licht seiner Taschenlampe konnten beide deutlich ein wirres Durcheinander von Weinkrügen, Alabastervasen, Obstkörben, Hockern, Sesseln und Liegen erkennen.

Lord Carnarvon sah Carter fassungslos an. „Wieso herrscht da drinnen eine noch größere Unordnung?"

„Die Grabräuber hatten es wohl nur auf kleine, leicht tragbare Wertgegenstände abgesehen, und sie waren in größter Eile. Was ich nicht begreife ist, daß sich auch in dieser Kammer weder ein Sarkophag noch eine Mumie zu befinden scheinen."

„Vielleicht ist es doch nicht Tutenchamuns Grab, sondern nur ein Versteck, in dem die Priester der Königstotenstadt die wertvollen Gaben vor Räubern verbergen wollten", warf Arthur Callender ein.

Während sich die drei Männer um das Loch in der Wand drängten, sah sich Lady Evelyn in der ersten Kammer genauer um. „Hier, seht mal, das könnte ein zugemauerter Durchgang zu einer weiteren Kammer sein", rief sie und strich mit den Fingern über die unebene Oberfläche der Wand. Genau zwischen den beiden Wächterstatuen befand

Durch dieses Loch in der Wand *(oben)* **sah Lord Carnarvon Krüge, Körbe, Kästen und Möbel, wüst durcheinander geworfen** *(kleines Foto)*. **Grabräuber hatten den Raum geplündert und sperrige Gegenstände, deren kostbare Teile sie mitgenommen hatten, achtlos beiseite geworfen.**

sich eine verputzte Stelle von der Größe und Form einer Tür. Auch hier sah es aus, als seien Grabräuber eingedrungen.

Carter untersuchte die Wand eingehend und stellte begeistert fest: „Was wir bis jetzt gesehen haben, war nur der Anfang!" Bei dem Gedanken an die wundervollen Schätze, die möglicherweise hinter der Mauer auf sie warteten, wurde ihm regelrecht schwindlig. Doch an diesem Tag war es bereits zu spät, um den Eingang freizulegen.

So stiegen sie alle wieder zurück in den Gang. Carter und Callender verschlossen die Öffnung, die sie in den vermauerten Eingang zur Vorkammer gebrochen hatten. Howard Carter gab den Wachposten Anweisung, das Grab mit ihrem Leben zu schützen. Dann stiegen die vier, noch benommen von dem Erlebten, auf ihre Esel und ritten aus dem Tal nach Hause.

Bis spät in die Nacht sprachen sie über ihre Entdeckungen. „Wir müssen unbedingt herausbekommen, was in der dritten Kammer verborgen ist", forderte Carter. „Erst dann werden wir wissen, ob wir wirklich Tutenchamuns Grab gefunden haben."

Einen Augenblick lang herrschte Schweigen. Dann meinte Lord Carnarvon: „Ich denke, es wäre gut, wenn wir uns ein wenig umsehen würden. Davon darf jedoch keiner etwas erfahren, vor allem die Presse nicht, denn die zahlt keinen Pfennig für Geschichten, deren Ausgang schon jedermann klar ist!"

Carter nickte. Seine Augen leuchteten vor Begeisterung, als er Callender zulächelte. In Gedanken schmiedete er schon Pläne für den nächsten Tag.

Nachdem die anderen zu Bett gegangen waren, schrieb Howard Carter noch lange in seinem Tagebuch. Für ihn war dies „der Tag aller Tage, der wundervollste Tag meines Lebens, ein Tag, wie ich ihn sicherlich nie wieder erleben werde".

In der folgenden Nacht trabten vier Esel hinunter in das Tal der Könige. Ihre Reiter waren sehr schweigsam. Nur dann und wann wechselten sie mit gedämpfter Stimme ein paar Worte. Als sie sich der Grabungsstätte näherten, trat

In dieser Szene auf der goldenen Wand eines der Schreine ist Tutenchamun *(Mitte)* in der Götterwelt angekommen. Maat, die Göttin der Wahrheit *(rechts),* führt ihn zu Re, dem Sonnengott *(links),* der die Sonnenscheibe auf dem Haupt trägt.

ihnen der Vorarbeiter Ahmed mit einer abgeschirmten Laterne entgegen. „Die Wachen habe ich weggeschickt", meldete er Carter. „Ich werde hier auf Sie warten." Und dann fügte er leise hinzu: „Seien Sie vorsichtig, Herr Carter. Dies ist ein heiliger Ort."

Wenige Minuten später schlichen Carter, Carnarvon, Lady Evelyn und Callender die Stufen hinab in den dunklen Gang. Sie stiegen in die erste Kammer ein, und Arthur Callender schaltete die elektrischen Lampen an.

Carter nahm einen Meißel und klopfte damit zunächst vorsichtig gegen den unteren Teil des vermauerten Durchgangs. Dabei spürte er förmlich den durchdringenden Blick der beiden Wächterstatuen, links und rechts von der Tür, im Nacken. Schon bald war eine Öffnung entstanden, die so groß war, daß man sich hindurchzwängen konnte. Carter

bückte sich und kroch auf allen vieren durch das Loch. Lord Carnarvon und Lady Evelyn folgten ihm.

„Halt! So wartet doch!" flüsterte der stämmige Arthur Callender mit rauher Stimme. „Ich glaube kaum, daß ich durch so ein kleines Loch passe."

Doch die anderen kümmerten sich nicht um ihn. Vor ihnen erhob sich eine fast raumhohe Wand aus purem Gold. Während Carnarvon und seine Tochter noch den Staub aus ihren Kleidern klopften, tastete sich Carter die goldene Wand entlang, bis er eine Ecke des Raumes erreicht hatte. Nun sah er, daß die verhältnismäßig kleine Kammer fast völlig von einem riesigen, vergoldeten Schrein ausgefüllt war. „Jetzt gibt es keinen Zweifel mehr. Das ist die Grabkammer", verkündete er.

Als Carter sah, daß die Türen des Schreins mit zwei Ebenholzriegeln verschlossen waren, suchte er den Blick seines Auftraggebers. Lord Carnarvon nickte stumm. Carter schob die Riegel langsam zurück und zog vorsichtig an der Doppeltür. Nichts bewegte sich. Er versuchte es noch einmal, da gab es einen Ruck, die Tür drehte sich in ihren ural-

Carter, Carnarvon und Lady Evelyn drangen in der Nacht heimlich in die Sargkammer ein. Arthur Callender paßte nicht durch die schmale Öffnung. Ihm blieb der Blick auf den goldenen Schrein noch verwehrt.

ten Angeln und stand weit offen. Ein zweiter vergoldeter Schrein, der mit einem hauchzarten Leinentuch bedeckt war, kam zum Vorschein. Die Türflügel dieses Schreins waren mit einer Schnur fest zugebunden, die das Siegel der königlichen Nekropolenverwaltung trug – es war völlig unversehrt!

„Wir haben Tutenchamun gefunden!"

Carters Stimme versagte fast, als er sich mit diesen Worten Lord Carnarvon und Lady Evelyn zuwandte.

Bald darauf krochen sie wieder durch das enge Loch in der Wand, das Carter dann hinter einem Korbdeckel und Schilfrohr versteckte. Die offizielle Eröffnung der Vorkammer sollte erst noch stattfinden. Niemand durfte erfahren, daß sie bereits bis in die Sargkammer vorgedrungen waren.

DRITTES KAPITEL

Der Grabschatz

Tal der Könige, Ägypten, 1922–1923

Am nächsten Tag saßen Howard Carter, Lord Carnarvon und Lady Evelyn auf der schattigen Veranda vor Carters Haus und versuchten sich vorzustellen, wie die Grabplünderungen vor sich gegangen waren.

Der Grabeingang war zweimal geöffnet und wieder verschlossen und versiegelt worden. Also erfolgten zwei Plünderungen zu verschiedenen Zeitpunkten. Die vermauerten und mit den Siegeln der Königstotenstadt versehenen Zugänge deuteten jedoch darauf hin, daß das Grab bereits kurze Zeit nach Tutenchamuns Beisetzung ausgeraubt worden war.

„Die Grabräuber könnten die Bestattung beobachtet oder vielleicht sogar daran teilgenommen haben", überlegte Carter laut. „In der Nacht trafen sie sich wahrscheinlich im Tal und betäubten oder bestachen die königlichen Grabwächter. Sie müssen dann in aller Eile ein Loch in den vermauerten Zugang geschlagen und die Steinblöcke herausgerissen haben, bis die Öffnung groß genug war, um hindurchschlüpfen zu können. Als die ersten Grabräuber eindrangen, war der Gang, der zum Grab führt, mit Sicherheit leer, so daß sie schnell in die Vorkammer gelangten."

„Ja natürlich! Unter dem Schutt im Gang haben Sie doch Goldstückchen und bronzene Pfeilspitzen gefunden", erinnerte sich Lady Evelyn. „Die flüchtenden Diebe müssen sie verloren haben, und später wurden diese Kostbarkeiten unter dem Geröll begraben."

„Genau", bestätigte Howard Carter. „Die Diebe haben wohl in größter Eile nach Schätzen gesucht, die sie leicht

Dieses Alabastergefäß mit einem liegenden Löwen als Deckel enthielt eine fettige Substanz, die der junge König vielleicht als Gesichtscreme benutzt hat.

wegtragen konnten. Von Möbeln und Kutschen, die zu sperrig waren, um weggeschleppt zu werden, brachen sie die Goldverzierungen ab. Sie scheinen auch Leinenstoffe und kostbare Öle mitgenommen zu haben."

„Sie gaben sich nicht viel Mühe, ihre Spuren zu verwischen. Denken Sie zum Beispiel an das Salbgefäß, in dem noch ein Fingerabdruck in der Salbe zu erkennen ist. Vielleicht wollte einer der Räuber erst einmal probieren, ob es sich auch lohne, das Gefäß mitzunehmen."

Lord Carnarvon lachte. „Und die weiße Holzkiste, auf der wir die Fußabdrücke entdeckt haben. Ohne Zweifel stammen sie von einem der Grabräuber."

„Ja", stimmte Howard Carter zu. „Vielleicht konnten die ersten Grabräuber nur in die Vorkammer und in die Seitenkammer eindringen. Vor Tagesanbruch hat der Komplize, der am Grabeingang Wache hielt, das Zeichen für den Aufbruch gegeben, und die Diebe machten sich schwerbeladen aus dem Staub.

Ich nehme an, die königlichen Beamten gaben nach der ersten Plünderung die Anweisung, die Vorkammer aufzuräumen", fuhr er fort. „Dann ließen sie den Gang auffüllen, um das Grab besser vor weiteren Raubzügen zu schützen. Die Grabräuber, die später kamen, mußten sich einen Tunnel durch das Geröll graben."

„Sie haben also, um an ihre Beute zu kommen, schwer gearbeitet – genau wie wir", sagte Lady Evelyn lächelnd zu ihrem Vater. „Es muß sehr lange gedauert haben, bis sie am Ziel ihrer Wünsche waren."

Howard Carter überwachte den Transport jedes einzelnen der kostbaren Fundstücke aus dem Grab in das nahe gelegene Laboratorium.

„Nachdem die Räuber eingedrungen waren, durchsuchten sie wahrscheinlich das ganze Grab", vermutete Howard Carter. „Die achtlos auf den Boden geworfenen, leeren Schmuckschatullen lassen darauf schließen, daß diese Diebe viele der noch verbliebenen Schmuckstücke mitgenommen haben.

Immerhin hatte wenigstens einer der Diebe Pech. Ihr erinnert euch, wir fanden in der ersten Kammer acht in ein Tuch verknotete Goldringe in einer Schatulle. Ich vermute, daß man einen der Diebe auf frischer Tat ertappte, und er sich schnell des Beweises entledigte. Nach der zweiten Plünderung wurde das Grab wohl in aller Eile aufgeräumt und erneut versiegelt."

„Nach allem, was wir wissen, erwartete Grabschänder ein grausames Ende — wenn sie geschnappt wurden", warf Lord Carnarvon ein. „Man spießte sie auf Pfähle! Der Grabraub muß sich gelohnt haben, wenn sie das Risiko eines solchen Todes eingingen."

„Hoffentlich bekommen wir nicht auch unliebsame Besucher", bemerkte Howard Carter stirnrunzelnd. „Die Wächter sind zwar zuverlässig, aber ich werde erst ruhig schlafen können, wenn der Grabeingang durch ein stählernes Gittertor gesichert ist."

Seit Howard Carter wußte, daß Tutenchamuns Mumie unversehrt in der Sargkammer lag, wünschte er sich nichts sehnlicher, als die versiegelte zweite Schreintür zu öffnen. Wieder und wieder stellte er sich den Augenblick vor, wenn er den Deckel des Sarges heben und in das Antlitz des Pharaos blicken würde.

Aber Carter wußte auch, daß er und seine Mitarbeiter eine riesige Aufgabe zu bewältigen hatten, bis sie die Mumie endlich sehen würden. Bevor die anderen Kammern des Grabes erkundet werden konnten, mußte er die Vorkammer ausräumen und alle Gegenstände genau dokumentieren, denn die beste Möglichkeit, etwas über die Bestattungsbräuche der alten Ägypter zu erfahren, bestand

Die Sensationsmeldungen über die Ausgrabung in den Zeitungen *(oben)* hatten zur Folge, daß Besucher aus der ganzen Welt zur Fundstätte strömten. Sie wollten einen Blick auf die Schätze werfen, wenn diese aus dem Grab geborgen wurden. Manchmal waren so viele Touristen versammelt, daß Howard Carter befürchtete, sie könnten das Grab stürmen.

darin, die Fundstücke einzeln zu untersuchen und zu bergen. Der Plan, die Vorkammer zuerst auszuräumen, sollte auch sicherstellen, daß keiner der kostbaren Gegenstände durch Mitarbeiter versehentlich beschädigt wurde, die die Vorkammer durchqueren mußten, um in die anderen Räume zu gelangen.

Howard Carter und Arthur Callender standen in der Vorkammer und blickten auf die Berge von Schätzen, die sich um sie herum auftürmten.

„Uns steht viel Arbeit bevor. Ich wüßte keinen Archäologen auf der ganzen Welt, der jemals solch einer Mammutaufgabe gegenübergestanden hätte."

Arthur Callender spürte, wie schwer diese Verantwortung auf seinem Freund lastete, und versuchte, ihn zu ermutigen. „Was ist denn im Moment am wichtigsten?"

„Wir brauchen sofort ein Ausgrabungsteam – einen Konservierungsexperten, einen Spezialisten für die Entzifferung der Hieroglyphen, Zeichner, einen Archivar für die Bestandsaufnahme der Fundstücke, einen Fotografen, Wächter..."

Howard Carter hatte Glück. Er erhielt ein Telegramm vom Leiter der Ägyptischen Abteilung des Metropolitan Museum of Art in New York, der ihm zu der fantastischen Entdeckung gratulierte und jede erdenkliche Hilfe zusicherte. Carter antwortete umgehend: KOLOSSALE ENTDECKUNG – BRAUCHE JEDE HILFE. Innerhalb weniger Wochen stand Howard Carter ein Expertenteam zur Verfügung. Das Grab, das Tausende von Jahren unberührt im Wüstensand geruht hatte, wurde im Handumdrehen zum Mittelpunkt geschäftiger Aktivitäten.

Die Arbeit der Ausgräber wurde durch die brütende Hitze im Tal der Könige beträchtlich erschwert. Obwohl in Ägypten Winter war, stieg die Temperatur auf 38° C. Howard Carter, dem die Hitze zu schaffen machte, fühlte sich dazu noch von Journalisten unter Druck gesetzt, die unbedingt das Grab besichtigen wollten. Sie waren erbost, weil Lord Carnarvon die Exklusivrechte an der Veröffentlichung sämtlicher Berichte über die Grabstätte der Londoner *Times* verkauft hatte. Sogar die ägyptischen Zeitungen mußten die Nachrichten über die Ereignisse im eigenen Land der *Times* entnehmen!

Die Ausgrabungsstätte wurde von Touristen regelrecht heimgesucht. Sie versammelten sich bereits in aller Frühe am Grabeingang und hielten die Belagerung den ganzen Tag über aufrecht. Mit ihren hartnäckigen Fragen und Wünschen nach einer Führung durch das Grab waren sie so lästig wie Fliegen. Um eingelassen zu werden, gaben einige von ihnen sogar vor, entfernte Verwandte von Howard Carter zu sein.

Schließlich war das Team soweit, daß der erste größere Gegenstand aus der Vorkammer geborgen werden konnte: eine kunstvoll mit Jagd- und Kriegsszenen bemalte Holztruhe.

„In Ordnung, Harry! Du bist an der Reihe", rief Carter.

Diese farbenprächtige Holztruhe *(rechts)*, die Howard Carter in der Vorkammer *(links)* fand, war der erste Gegenstand, der aus dem Grab geborgen wurde. Die Truhe enthielt ein perlenbesticktes Gewand und Sandalen des Königs *(oben)*.

Harry Burton, der Fotograf des Ausgrabungsteams, betrat die Vorkammer und fotografierte die Truhe an ihrem Fundort. Sie war bereits vermessen und genau im maßstabsgerechten Plan der Vorkammer eingezeichnet worden. Dann hoben Arthur Callender und Howard Carter die Truhe vorsichtig auf eine gepolsterte Holztrage und sicherten sie mit Gurten für den Transport. Sie trugen sie durch den schmalen Gang und dann die bewachten Stufen hinauf.

Als Howard Carter und Arthur Callender mit ihrer wertvollen Last aus der Dunkelheit der Grabstätte traten, erstrahlten die Farben der bemalten Truhe im gleißenden Licht der Sonne in voller Pracht. Laute Rufe und Pfiffe der Bewunderung ertönten aus der Touristengruppe, die in der Hoffnung angereist war, einen Blick auf die antiken Schätze zu erhaschen.

„Welch ein Kunstwerk!" rief ein Mann mit einem großen Fotoapparat vor den Augen begeistert aus.

„Wunderschön!" rief ein anderer. „Was wohl in der Truhe sein mag?"

Aber Howard Carter und Arthur Callender hatten keine Zeit, stehenzubleiben und Fragen zu beantworten. Mühsam bahnten sie sich einen Weg durch die Menge. Dieser anstrengende und zeitraubende Vorgang würde für Hunderte von kostbaren Gegenständen wiederholt werden müssen, bevor die heiligen Schreine geöffnet werden konnten. Und sobald der Frühling kam, würde es zu heiß sein, um auch nur einen Fuß in das Tal zu setzen.

Sie trugen die Holztruhe hinüber ins Laboratorium, das in einer leeren Grabstätte eingerichtet worden war. Einen ganzen Tag brauchten Howard Carter und seine Assistenten, um die Truhe vorsichtig zu leeren. Sie fanden ein Paar gänzlich erhaltene Schilfsandalen, eine vergoldete Kopfstütze und reichverzierte Prunkgewänder, die einem Knaben gepaßt haben mußten.

Jedoch bald, nachdem sie die Holztruhe aus dem Grab geholt hatten, begann sich das Holz zusammenzuziehen, wodurch sich Teile der kunstvoll bemalten Oberfläche ablösten. Das lag an der kühlen, trockenen Luft im Labor. Sie wirkte wie ein Kälteschock auf die Truhe ein, die mehr als dreitausend Jahre in gleichmäßig warmer, feuchter Luft im Grabesinnern gestanden hatte. Um weitere Schäden zu vermeiden, überzog man die Holztruhe mit Wachs. Nach dieser Konservierungsmaßnahme wurde sie erneut fotografiert und für den Transport nach Kairo verpackt.

Aber es gab auch noch andere Schwierigkeiten. Ein Paar wunderbare, mit Perlenstickereien verzierte Sandalen, die Carter auf dem Boden der Vorkammer fand, schienen tadellos erhalten zu sein. Als er eine der Sandalen aufhob, zerfiel sie zu Staub, übrig blieb nur eine Handvoll Perlen. Entsetzt beschloß Carter, einige der Gegenstände an Ort und Stelle zu konservieren. Er goß geschmolzenes Wachs auf die andere Sandale, und sobald das Wachs erkaltet war, konnte er sie problemlos aufheben.

Aber auch andere Enttäuschungen blieben Howard Carter nicht erspart. Rollen, die auf den ersten Blick wie Papyri aussahen – das sind auf Papyrusrollen geschriebene Dokumente – und von denen Howard Carter sich Auskunft über die rätselhafte Regierungszeit Tutenchamuns erhoffte, entpuppten sich bei näherem Betrachten als einfache Tuchballen.

Als Lord Carnarvon und Lady Evelyn im Januar in das Tal der Könige zurückkehrten, führte sie Howard Carter sofort ins Laboratorium. Dort schlug ihnen der beißende Geruch von Chemikalien entgegen.

Lord Carnarvon war bester Laune, und während Lady Evelyn den verschwitzten, erschöpften Ausgräbern Champagner einschenkte, begutachtete er fasziniert die Schätze, die in seiner Abwesenheit geborgen und konserviert worden waren.

Anerkennend klopfte er Howard Carter auf die Schulter und sagte: „Diese Gegenstände sehen jetzt beinahe noch schöner aus als damals, als ich sie das erste Mal sah. Carter, Sie haben fabelhafte Arbeit geleistet."

Howard Carter lächelte müde und lehnte höflich das Glas Champagner ab, das Lady Evelyn ihm anbot. „Nein, danke. Ich habe noch zu viel zu tun."

Einige Wochen später war die Vorkammer bis auf die beiden großen Statuen, die den Eingang zur Sargkammer bewachten, ausgeräumt.

Eine weitere offizielle Festlichkeit, die Öffnung der Sargkammer, stand bevor! Ganz Luxor sprach davon. Der Name Tutenchamun war in aller Munde. Zwanzig Ehrengäste waren geladen, diesem feierlichen Augenblick beizuwohnen, darunter Mitglieder der ägyptischen Königsfamilie und ausländische Botschafter. Für sie waren in der Vorkammer Stühle aufgestellt worden.

„Ich habe Angst, jemand könnte entdecken, daß wir bereits in der Sargkammer waren", gestand Lord Carnarvon seinem Freund Carter mit verhaltener Stimme vor dem Grabeingang.

Es war kurz nach 14 Uhr, und die festlich gekleideten Gäste hatten sich bereits in der Vorkammer versammelt. Sie erwarteten gespannt die Reden von Lord Carnarvon und Howard Carter. Viele ungeladene Zuschauer und Journalisten drängten sich neugierig hinter den Steinmauern am Eingang zur Grabstätte.

„Mir ist auch nicht wohl", sagte Carter. „Aber ich habe mit Callender eine kleine Plattform errichtet, die das Einstiegsloch verdeckt. Ich werde in den oberen Teil der vermauerten Tür eine Öffnung schlagen. Sobald wir drin sind, werden alle viel zu aufgeregt sein, um etwas zu bemerken." Carter blickte zu Carnarvon hinüber und zupfte nervös sein Hemd zurecht.

Das Öffnen der Sargkammer

Am Tag der offiziellen Öffnung der Sargkammer mußten Howard Carter und Lord Carnarvon vorgeben, genauso neugierig zu sein wie ihre Gäste.

1) Howard Carter verdeckte das Loch, das er in der Nacht ihres geheimen Eindringens in die Sargkammer geschlagen hatte, mit einem geflochtenen Korbdeckel und Schilfrohr.
2) Bei der offiziellen Öffnung der Sargkammer standen Lord Carnarvon (links) und Howard Carter (rechts) auf einer Plattform, die sie eigens errichtet hatten, um den Durchbruch zu verbergen.

„Ich hoffe, Sie haben recht", murmelte Lord Carnarvon und stieg die Treppe zum Grab hinab. „Sollten die Zeitungen erfahren, daß wir bereits wissen, was sich hinter der Tür verbirgt, gäbe es einen Skandal."

Während die Gäste gebannt zuschauten, zog Howard Carter derbe Arbeitshandschuhe an, setzte dann ein Stemmeisen im oberen Teil des versiegelten Eingangs an und begann vorsichtig Mörtel und Steinblöcke herauszubrechen, die sofort von Helfern weggeräumt wurden.

Nach zehn Minuten war die Öffnung so groß, daß Howard Carter eine Taschenlampe in die Sargkammer hineinhalten konnte. Zum zweiten Mal fiel sein Blick auf die prächtige Goldwand. Dann machte er sich daran, das Loch zu erweitern. Aber die Steine waren schwer, und es dauerte gut zwei Stunden, bevor der Zugang freigelegt war.

Nun konnten Howard Carter und Lord Carnarvon die Sargkammer betreten. Ihre Blicke trafen sich für einen kurzen Moment, und sie dachten an ihr nächtliches Eindringen vor einigen Monaten.

Eine der beiden Statuen, die vor der Sargkammer Wache hielten.

Als sie schließlich vor den großen Türen des goldenen Schreins standen, zog Howard Carter den schweren schwarzen Ebenholzriegel zurück.

Die Türflügel schwangen auf und gaben den Blick auf den zweiten Schrein frei, dessen unversehrtes Siegel den Namen Tutenchamun trug.

Andächtig strich Howard Carter über das Siegel. Allzu gern hätte er die Schnüre des Siegels durchschnitten und in den Schrein geschaut.

Aber dann fühlte er, wie ihm ein eisiger Schauer über den Rücken lief.

Sie waren Eindringlinge!

Sie störten die Totenruhe des Königs! Weder Carter noch Lord Carnarvon konnten sich dem Eindruck entziehen, daß sie ganz in der Nähe des Pharaos waren. Wortlos verharrten sie, in Gedanken versunken, einige Minuten. Ein großer, verwelkter Blumenstrauß erinnerte sie daran, daß die letzten Menschen, die diese Sargkammer betreten hatten, wahrscheinlich Angehörige und Freunde des jungen Königs waren, die ihm die letzte Ehre erwiesen hatten.

(Fortsetzung Seite 39)

3) Es dauerte Stunden, bis die schweren Steinblöcke im Eingang zur Sargkammer entfernt waren. Dann betraten Howard Carter (links) und Lord Carnarvon (rechts) diese Kammer zum zweitenmal.

4) Der erste Blick auf den goldglänzenden Schrein, der drei weitere vergoldete Schreine sowie den Steinsarkophag mit den Särgen und der Königsmumie enthielt.

„Wunderbare Dinge"

„Niemals zuvor in der gesamten Geschichte der Archäologie hat es einen so erstaunlichen Anblick gegeben", schrieb Howard Carter später über seinen ersten Eindruck vom Grab. Die Schätze, die er entdeckte, sind einmalig.

Diesen Alabasterkelch fand Howard Carter an der Schwelle zur Vorkammer, wo er von Grabräubern zurückgelassen worden war. Er gab ihm den Namen „Wunschbecher", denn die Inschrift auf dem Becherrand wünschte dem Pharao „Glück in alle Ewigkeit".

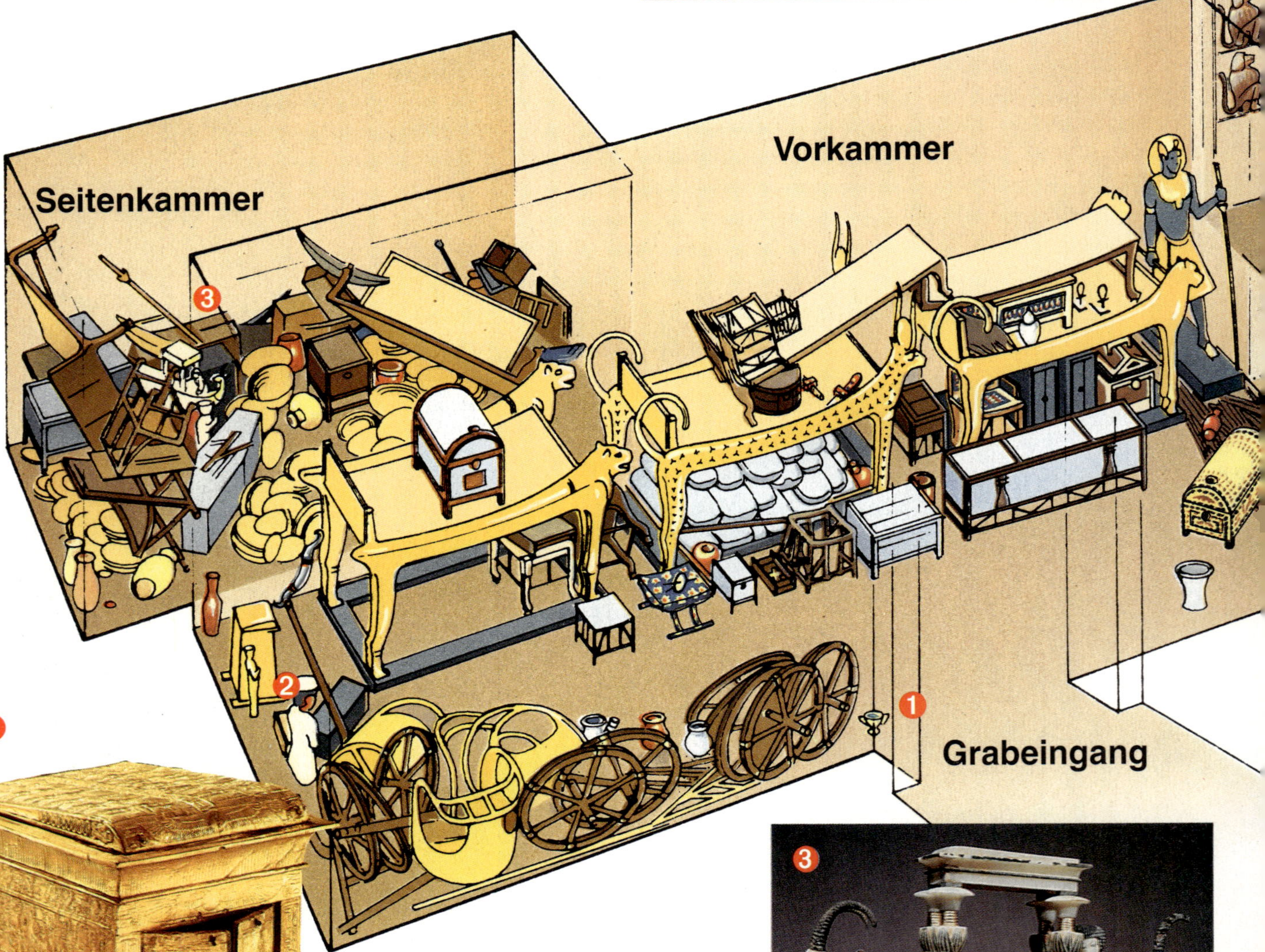

❶

Seitenkammer

Vorkammer

❸

❷

❶

Grabeingang

❸

❷

Dieser goldglänzende Schrein *(links)* enthielt ursprünglich eine Statue des Königs, die aber von den Grabräubern gestohlen wurde. *(Rechts)* Das kunstvoll geschnitzte Boot aus Alabaster hat wahrscheinlich auf der königlichen Tafel gestanden. Bug und Heck der Barke zieren Steinbockköpfe mit echten Hörnern.

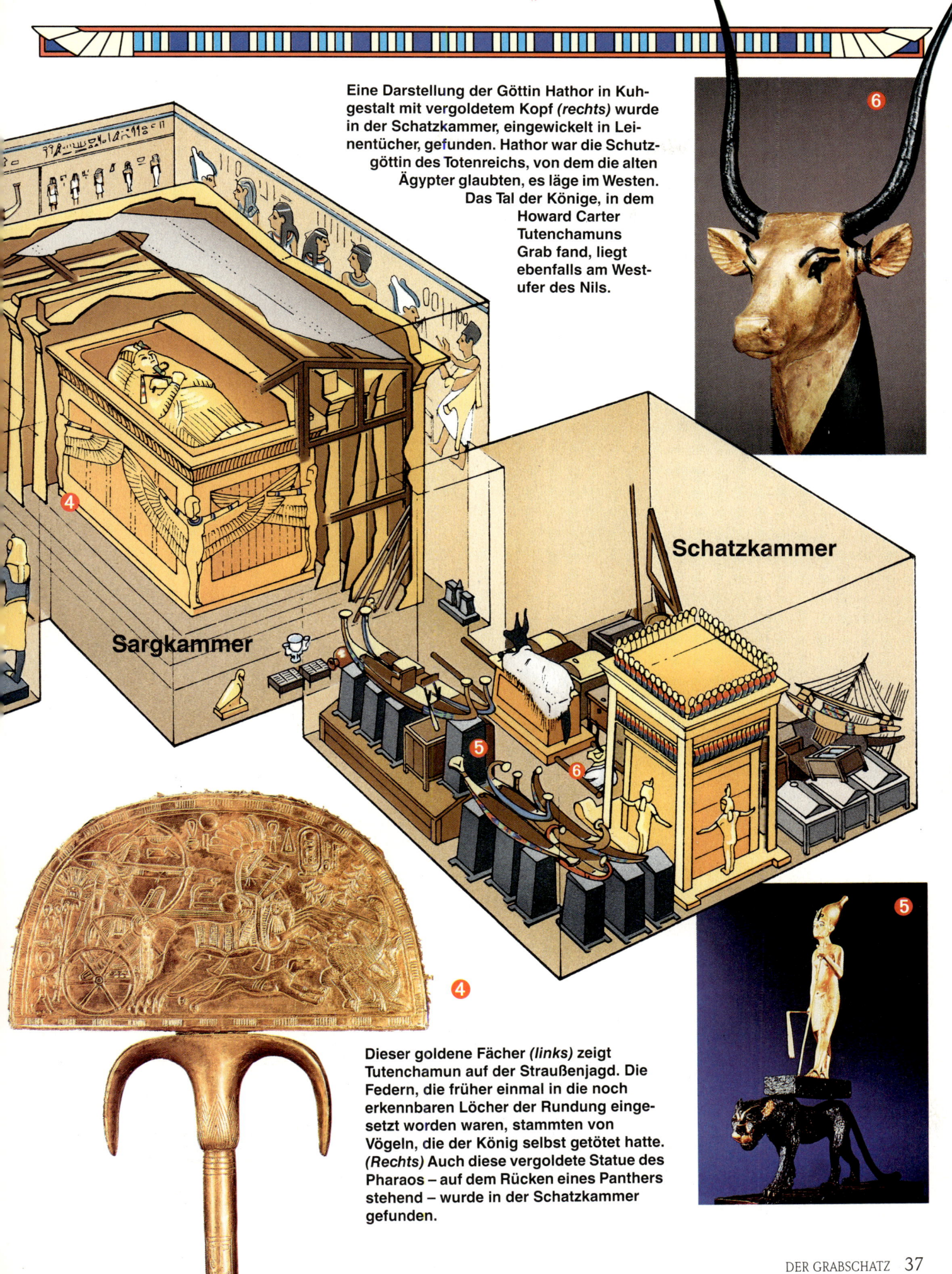

Eine Darstellung der Göttin Hathor in Kuh-
gestalt mit vergoldetem Kopf (rechts) wurde
in der Schatzkammer, eingewickelt in Leinentücher, gefunden. Hathor war die Schutzgöttin des Totenreichs, von dem die alten
Ägypter glaubten, es läge im Westen.
Das Tal der Könige, in dem
Howard Carter
Tutenchamuns
Grab fand, liegt
ebenfalls am West-
ufer des Nils.

Schatzkammer

Sargkammer

Dieser goldene Fächer (links) zeigt
Tutenchamun auf der Straußenjagd. Die
Federn, die früher einmal in die noch
erkennbaren Löcher der Rundung einge-
setzt worden waren, stammten von
Vögeln, die der König selbst getötet hatte.
(Rechts) Auch diese vergoldete Statue des
Pharaos – auf dem Rücken eines Panthers
stehend – wurde in der Schatzkammer
gefunden.

Die Kostbarkeiten
aus der Schatzkammer

Die alten Ägypter glaubten, alle Teile des Körpers müßten durch Mumifizierung bewahrt werden, damit die Seele der Toten im Jenseits weiterleben könne. Die inneren Organe, die schnell verwesen, wurden daher entnommen, getrocknet, mit Leinenbinden umwickelt und in Kanopen gelegt, die man in einem heiligen Schrein *(Mitte links)* aufbewahrte.

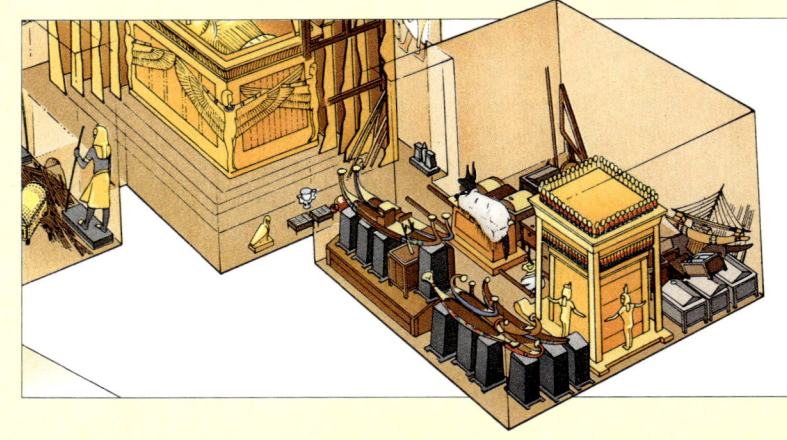

Die liebreizende Göttin Selket *(Mitte rechts)* war eine von vier Beschützerinnen, die ewige Wache über den Schrein mit den inneren Organen des Königs hielten.

Diese elegante Statue des Gottes Anubis, in Gestalt eines Schakals mit vergoldeten Ohren und Augen und silbernen Krallen *(unten)*, bewachte den Eingang zur Schatzkammer *(oben)*. Alte ägyptische Überlieferungen besagen, daß Anubis die erste Balsamierung vornahm und damit den Menschen zeigte, wie das ewige Leben erlangt werden konnte.

In der Schatzkammer waren zahlreiche Schiffsmodelle aufbewahrt, die dem toten König im Jenseits zur Verfügung stehen sollten.

Im heiligen Schrein fand man diesen Kanopenschrein aus Alabaster *(oben),* der vierfach unterteilt ist. Jedes Fach ist mit einem Deckel in der Form des Pharaokopfes *(unten)* versehen.

Als Howard Carter die Deckel abnahm, entdeckte er unter jedem einen Miniatursarg *(unten links).* In den kleinen Särgen lagen die einbalsamierten und in Leinen gewickelten inneren Organe des Königs *(unten rechts):* Lunge, Leber, Magen und Eingeweide.

(Fortsetzung von Seite 35)

Schließlich sagte Lord Carnarvon: „Carter, es ist Zeit, auch unsere Gäste möchten einen Blick auf diese Schätze werfen."

„Warten Sie! Da ist doch noch eine Kammer", rief Howard Carter aufgeregt. Die beiden Männer tasteten sich an der Wand entlang, vorbei an einer eleganten Statue des schakalgestaltigen Gottes **Anubis,** der den Eingang zu der Kammer bewachte. Sie hatten diesen vierten Raum bereits bei ihrem ersten, geheimen Eindringen in die Sargkammer bemerkt, sich aber vor Freude über die unversehrten Schreine keine Zeit für weitere Erkundungen genommen.

Howard Carter stockte der Atem beim Anblick eines schreinartigen Kastens, der ganz und gar mit Gold überzogen war. Den Schrein umgaben vier anmutige Statuen, die Schutzgöttinnen der Toten. Ihre Gesichter drückten so viel Mitgefühl aus, daß Carter stumm und ehrfürchtig davor stehenblieb. Es war das schönste Kunstwerk, das er jemals gesehen hatte.

„Dieser Schrein enthält wahrscheinlich die einbalsamierten inneren Organe des Königs – die Leber, die Lunge, den Magen und die Eingeweide", sagte er ergriffen.

Er hob den Deckel von einer Holzschatulle. Darin befand sich ein herrlicher Fächer aus Straußenfedern mit einem Griff aus Elfenbein. „Dieser Fächer ist völlig unversehrt. Es ist, als ob das Grab erst gestern verschlossen worden wäre", staunte er. Die Kammer war angefüllt mit wundervollen Gegenständen, darunter zahlreiche schwarze Schreine und Kästen, die alle noch versiegelt waren. Bis auf einen, dessen geöffnete Türen gaben den Blick frei auf eine Statue des Königs: Tutenchamun auf dem Rücken eines Panthers stehend. Überall in der Kammer verstreut lagen Modelle von Schiffen, die der König im Jenseits benutzen sollte. Es gab Boote für die Nilpferd- und Vogeljagd, aber auch Schiffe für heilige Pilgerfahrten. Einige Boote waren vollständig mit Leinensegeln und Tauwerk ausgestattet.

trotzdem trieb er sein Team an. Er wollte so viele Schätze wie möglich aus dem Grab bergen, bevor der ägyptische Sommer sie alle zwang, die Arbeit einzustellen und das Grab wieder zuzuschütten, damit es vor Dieben geschützt war.

An einem brütend heißen Tag verließ Howard Carter die Ausgrabungsstätte etwas früher als gewöhnlich, um zu Hause sein Mittagessen einzunehmen. Kurze Zeit darauf traf Lord Carnarvon ein. Er wollte unbedingt mit Carter die Ergebnisse seiner Verhandlungen mit den ägyptischen Behörden besprechen. „Die benehmen sich unmöglich", beschwerte er sich. „Nach all den Geldern, die ich in diese Ausgrabung gesteckt habe, besitzen die Behörden die Unverfrorenheit, mir mitzuteilen, alle Fundstücke müßten hier in Ägypten bleiben."

„Lieber Lord, wahrscheinlich haben sie recht. Es sind doch Nationalschätze."

„Fangen Sie jetzt nicht auch noch damit an, Carter. Ich weiß, daß Sie über diese Sache genauso denken wie ich. Ich bestehe nicht darauf, *alle* Kunstgegenstände mit nach England zu nehmen, aber ich will etwas vorzeigen können von der geleisteten Arbeit."

„Ich bin sicher, wenn ich Ägypter wäre, würde ich es nicht ertragen können, daß auch nur ein einziger Fundgegenstand mein Land verläßt", fuhr Howard Carter hartnäckig fort. „Außerdem käme es einem Verbrechen gleich, den Grabschatz aufzuteilen."

„Aber Sie wissen doch ganz genau, daß ohne meine Bemühungen das ganze Zeug noch heute im Wüstensand begraben läge", hielt Lord Carnarvon entgegen.

Königin Anchesenamun *(oben)* überreicht ihrem Ehemann Tutenchamun Blumen. Vielleicht war es die trauernde Witwe, die den Blumenstrauß *(unten)* im Grab niedergelegt hatte, wo er von Howard Carter und Lord Carnarvon über dreitausend Jahre später gefunden wurde.

Die beiden Männer verließen die Sargkammer mit strahlenden Augen.

Nun durften die Gäste eintreten, um die Wunder in den Kammern zu bestaunen.

Howard Carter, der nervös im Zimmer auf und ab gelaufen war, wandte sich Lord Carnarvon zu und bemerkte spitz: „Ich kann nur hoffen, daß Ihnen mein bescheidener Beitrag nicht entgangen ist!"

Lord Carnarvon umklammerte seinen Gehstock. Er hatte Howard Carter schon öfter wütend gesehen, aber noch nie war er ihm gegenüber ausfallend geworden. „Was? Jeder weiß doch, wie viel wir Ihnen zu verdanken haben. Mein lieber Carter, ich glaube, diese Hitze macht uns allen sehr zu schaffen", sagte er und versuchte, ruhig zu bleiben. „Ich kann

Die Ausgrabungssaison näherte sich ihrem Ende. Die Tage wurden unerträglich heiß, und Sandstürme fegten immer häufiger durch das Tal der Könige.

Howard Carter war sehr gereizt und völlig überarbeitet,

Der Fluch der Mumie

Lord Carnarvon *(unten)* starb nur vier Monate nach der Entdeckung von Tutenchamuns Grab. Gerüchten zufolge soll die wahre Ursache seines Todes nicht eine Lungenentzündung gewesen sein, wie aus der Sterbeurkunde *(unten rechts)* hervorgeht, sondern der Fluch der Mumie. Viele abergläubische Menschen waren überzeugt, daß Tutenchamuns Hand *(oben rechts)* jeden niederstreckte, der es wagte, seine Totenruhe zu stören. Einige Zufälle schürten diese Gerüchte: Als Lord Carnarvon starb, kam es in Kairo aus unerklärten Ursachen zu einem minutenlangen Stromausfall. Gleichzeitig soll sein Lieblingshund in England laut aufgeheult haben und tot umgefallen sein. Am seltsamsten erschien jedoch, daß die Mumie, als sie 1925 ausgewickelt wurde, auf der linken Wange eine kleine Wunde aufwies. Genau an der Stelle war Lord Carnarvon von einem Moskito gestochen worden.

Aber wenn es tatsächlich einen Fluch der Mumie gegeben haben sollte, warum blieben dann die Menschen verschont, die viel mehr als er an Tutenchamuns Grab gearbeitet hatten? Lady Evelyn lebte bis 1980. Howard Carter, den der Fluch der Mumie am stärksten hätte treffen müssen, starb – siebzehn Jahre nach der Entdeckung des Grabes – eines natürlichen Todes.

---

nicht glauben, daß Sie den Ägyptern all diese Schätze überlassen wollen. Vielleicht sollten wir unser Gespräch lieber ein andermal fortsetzen."

Howard Carter starrte Lord Carnarvon an. Sein Gesicht war hochrot vor Zorn und Erregung. „Ich meine genau das, was ich sage", rief er. „Und ich meine es auch so, wie ich es sage: Verlassen Sie sofort mein Haus! Und kommen Sie nie wieder!"

Mit diesen Worten stürmte Carter aus dem Zimmer und schlug die Tür hinter sich zu.

Einen Monat später erhielt Howard Carter einen Brief von Lady Evelyn. Lord Carnarvon war schwer erkrankt. Er sei von einem Moskito gestochen worden, schrieb Lady Evelyn, und habe die Stichwunde beim Rasieren mit der Klinge aufgeritzt. Bald darauf habe er eine Blutvergiftung und dann hohes Fieber bekommen. Nach einigen Tagen sei es ihrem Vater zwar besser gegangen, dann habe er aber einen Rückfall erlitten und sich eine Lungenentzündung zugezogen. Ihre Mutter, ihr Bruder und der Hausarzt seien nach Ägypten an das Krankenbett geeilt.

Lord Carnarvon starb einige Tage später, am 5. April 1923. Es sollte ihm nicht vergönnt sein, die Mumie des Pharaos zu sehen, nach der er so lange gesucht hatte.

Howard Carter saß auf der Veranda seines Hauses und dachte an Lord Carnarvon. Er vermißte seinen Freund sehr und bereute den Streit bei ihrer letzten Begegnung.

„Eine Tasse Tee, Herr?" fragte Abdul Ali, der mit einem Tablett auf die Veranda trat.

„Ja, danke, Abdul."

„An der Ausgrabungsstätte wird gemunkelt, Lord Carnarvon habe der Fluch des Pharaos getroffen", sagte Abdul, während er den Tee einschenkte. „Er ist bestraft worden, weil er das geheiligte, königliche Grab geöffnet hat."

„Das ist nichts als abergläubischer Humbug. Es liegt kein Fluch auf dem Grab."

„Vielleicht aber doch", entgegnete der Diener. „Es heißt, in ganz Kairo gingen die Lichter aus, als Lord Carnarvon starb. Und Sie selbst haben mir erzählt, daß sein Lieblingshund aufheulte und in der gleichen Sekunde tot umfiel."

„Das sind nichts als Zufälle, Abdul. Reine Zufälle."

„Und die Kobra, die Ihren Kanarienvogel gefressen hat? War das auch nur ein Zufall?"

Howard Carter blickte nachdenklich in die Richtung des Tals der Könige. Nicht nur Abdul hielt es also für möglich, daß auf ihnen allen der Fluch des Pharaos lastete. Entschlossen schüttelte Carter den Kopf. „Unsinn", murmelte er, während er zusah, wie die letzten Strahlen der untergehenden Sonne über die rosafarbenen Felsen kletterten und das Tal schließlich in völliger Dunkelheit versank.

VIERTES KAPITEL

In der Sargkammer

Tal der Könige, Ägypten, 1923–1924

Howard Carter war überaus erleichtert, als sich Lady Carnarvon nach dem Tode ihres Ehemannes entschloß, die Ausgrabungskonzession für das Tal der Könige unter ihrem Namen zu verlängern. Er wußte, daß noch viele Jahre harter Arbeit vor ihm lagen, und der Gedanke war ihm unerträglich, daß möglicherweise ein anderer den Schrein des Pharaos öffnen würde.

Die zweite Ausgrabungssaison an Tutenchamuns Grab begann im Oktober des Jahres 1923. Zunächst veranlaßte Howard Carter, daß die beiden Wächterstatuen, die den Eingang zur Sargkammer beschützten, aus der Vorkammer geborgen wurden. Dann begann er, zusammen mit Arthur Callender, die Mauer abzutragen, die die Vorkammer von der Sargkammer trennte. Die alten Ägypter

Die Türen des dritten Schreins waren mit einer Schnur verschlossen. Das priesterliche Siegel war unversehrt, als Howard Carter den Schrein öffnete.

hatten sie errichtet, nachdem der riesige Schrein in der Sargkammer aufgestellt worden war.

„Ich vermisse Lord Carnarvon", gestand Howard Carter, während er vorsichtig einen Stein aus der Mauer klopfte. „Jetzt erst wird mir klar, wie zeitaufwendig es ist, die Verhandlungen mit Behörden und Zeitungen zu führen. Er wußte ganz genau, wie man sie bei Laune hielt. Nun lastet alles auf mir. Und ich bin nicht sehr geschickt im Umgang mit Menschen."

„Es bleibt uns ja kaum noch Zeit für die eigentliche Arbeit", stimmte Arthur Callender zu. „Was gibt es Neues?"

„Eigentlich ist es immer dasselbe", antwortete Howard Carter. „Die Zeitungen der ganzen Welt sind ungehalten, weil wir der *Times* die Exklusivrechte an allen Veröffent-

lichungen zugesagt haben. Die ägyptischen Behörden sind gereizt, weil sie ihre Nationalschätze nicht gern in den Händen von Engländern sehen wollen. Und von den eigenen Zeitungen werden sie entsprechend unter Druck gesetzt."

„Und dazu die zahllosen Besucher, die das Grab besichtigen wollen. Wir haben ja kaum selber Platz, uns hier drinnen zu bewegen! Die Frage, wem diese Schätze gehören sollen, ist auch noch immer ungeklärt. Gemäß unserer Konzession steht Lord Carnarvons Erben die Hälfte aller Funde zu. Aber es sieht so aus, als ob das meiste in Ägypten bleiben wird. Ich wünschte, man ließe mich meine Arbeit in Ruhe tun."

Nachdem sie die Mauer abgetragen hatten, konnten sie endlich die überwältigende Pracht des riesigen, vergoldeten Schreins bewundern. Die glänzenden, goldenen Seiten-

Howard Carter und Mitglieder seiner Arbeitsgruppe blicken in den Schrein des Pharaos *(oben).* An der Seitenwand des dritten Schreins war diese Darstellung eines Gottes zu sehen *(links),* von dem die alten Ägypter glaubten, er lebe im Jenseits.

(Oben) Die vier goldenen Schreine bargen einen großen steinernen Sarkophag aus gelbem Quarzit, in dem sich die Särge und die Mumie befanden. An den vier Ecken des Sarkophags halten Schutzgöttinnen ihre weit ausgebreiteten Flügel schützend um den Steinsarg.
(Unten) Die Deckplatte des Sarkophags wies in der Mitte deutlich einen Sprung auf, und Howard Carter wunderte sich, daß sie nicht sorgfältig repariert worden war.

teile mit blauen Einlegearbeiten waren mit dem Hieroglyphenzeichen Ank, das „Leben" bedeutet, verziert. Bevor Carter die inneren Schreine untersuchen konnte, mußte er mit seinem Team den äußeren Schrein zerlegen und die schweren Teile abtransportieren. Da dieser Schrein beinahe die ganze Sargkammer ausfüllte und den inneren Schrein eng umschloß, war dies keine leichte Arbeit in der stickigen Luft. Die Männer stießen sich dauernd die Köpfe oder klemmten sich die Finger ein.

Wochen später nahte schließlich der Augenblick, von dem jeder Archäologe träumt. Eine kleine Gruppe hatte sich in der Sargkammer versammelt, als Howard Carter das morsche, leinene Bahrtuch, das den zweiten Schrein bedeckte, aufrollte. Er schob die Riegel oben und unten an der Schreintür zurück und hielt dabei die Siegelschnur fest in der Hand. Vorsichtig durchtrennte er die Schnur und öffnete die Tür.

Im Innern befand sich ein weiterer Schrein – die Siegel an dieser Tür waren ebenfalls unversehrt.

„Das ist bereits der dritte. Wie viele können es noch sein?" fragte Arthur Callender.

„Es sind noch mehr", flüsterte Howard Carter. Von einem alten Papyrus, das er entziffert hatte, und das ein anderes königliches Begräbnis schilderte, wußte er, daß bis zu fünf ineinander verschachtelte Schreine üblich waren.

Die Türen des dritten Schreins waren ebenfalls versiegelt. Howard Carter entriegelte die Tür, durchtrennte die Siegelschnur und öffnete den Schrein. Zum Vorschein kam ein vierter Schrein, der völlig mit Hieroglyphen bedeckt war. Es gab diesmal keine Siegelschnur, die den Riegel festhielt. Carters Herz schlug höher. Er schob den Riegel zurück, und die Türflügel schwangen langsam auf.

Die Mitarbeiter, die sich hinter Howard Carter versammelt hatten, hielten den Atem an. Den vierten Schrein füllte ein großer, gelber Steinsarkophag, dessen schwere Deckplatte unverrückbar schien. Die Anwesenden verharrten in ehrfürchtiger Bewunderung.

Die Schönheit des Sarkophags übertraf Howard Carters Erwartungen bei weitem. Am schönsten fand er die Gestalten der vier Schutzgöttinnen an den Ecken, die schützend die Flügel ausbreiteten, als wollten sie Eindringlinge abwehren. Er strich mit der Hand über die Deckplatte des Sarges. „Der Sarkophag ist unberührt, so wie ihn die Priester zurückgelassen haben." Aber dann verdüsterte sich sein Gesicht.

„Was ist los?" fragte Arthur Callender.

„Da, mitten im Deckel ist ein Sprung. Anscheinend hat jemand versucht, ihn auszubessern. Es wundert mich aber, daß man ihn nicht ausgetauscht hat. Außerdem ist der Deckel aus einem anderen Stein als der untere Teil des Sarkophags. Es scheint, als ob die Vorbereitungen für die Beisetzung Tutenchamuns in allergrößter Eile erfolgten."

„Der Stein ist massiv", bemerkte Arthur Callender. „Es waren sicher mindestens ein Dutzend Männer nötig, um den Deckel anzuheben. Wie sollen wir den Sarkophag bloß in dieser engen Kammer öffnen?"

Als Howard Carter den gesprungenen Sarkophagdeckel anheben ließ, erblickte er den ersten der drei prächtigen, goldenen Särge in Mumienform.

„Das wird wohl nicht gehen", entgegnete Howard Carter seufzend. „Wir müssen zuerst die Schreine aus der Sargkammer wegbringen, bevor wir die Platte abnehmen und in das Innere des Sarkophags schauen können."

Das Zerlegen und der Abtransport dieser drei Schreine war genauso mühsam wie der Abbau des ersten Schreins. Als Carter und seine Männer die schweren, aber zerbrechlichen Schreinwände auseinandernahmen, machten sie eine erstaunliche Entdeckung: Jedes Teilstück war mit Nummern und Zeichen versehen, die seine Lage zu den anderen Stücken angaben. Trotzdem war den altägyptischen Handwerkern beim Aufbau der Schreine ein gravierender Fehler unterlaufen, denn sie öffneten sich nach Osten statt nach Westen, der Richtung des Totenreichs. Manche Teile waren gewaltsam aneinandergefügt worden, so daß die Goldverzierung stellenweise beschädigt und tiefe Abdrücke von Hammerschlägen zu sehen waren. Holzspäne und andere Abfälle waren nicht weggeräumt worden und lagen am Boden verstreut. Warum nur waren die altägyptischen Handwerker mit dem heiligen Schrein so nachlässig umgegangen?

Howard Carter blickte sich nervös in der Runde der versammelten Archäologen und Regierungsbeamten um. Es war der 12. Februar 1924, der Tag der offiziellen Öffnung des Sarkophags. Zur Feier des Tages hatte man das Mittagessen vom Winter Palace Hotel in das Tal der Könige bringen lassen.

Nach dem Essen begaben sich die geladenen Gäste in die Sargkammer und scharten sich um den Sarkophag. Howard Carter blickte besorgt auf den Flaschenzug, den sein Team angebracht hatte, um die tonnenschwere Deckplatte anzuheben. Alles schien in Ordnung zu sein. Die Gäste verharrten in angespannter Stille. Harry Burtons Filmkamera begann zu surren, als die Arbeiter an den Seilen des Flaschenzuges zogen.

Howard Carter hielt den Atem an, als sich der schwere Steindeckel langsam nach oben bewegte und den Blick in das Innere des Sarkophags freigab. Er beugte sich über den Rand und schaute hinein. Allmählich gewöhnten sich seine Augen an die Dunkelheit im Innern des großen Sargs. Zuerst konnte er nur einige Steinstückchen erkennen, die sich von der Deckplatte gelöst hatten, dann sah er, daß etwas unter feinen Leinentüchern verborgen lag.

Mit äußerster Vorsicht begann er, die morschen Tücher einzeln aufzurollen. Neugierig drängten sich die Gäste um den Sarkophag.

Speisen und Getränke waren wichtige Grabbeigaben, damit der Tote im Jenseits keinen Mangel litt.

Im Schein der Lampen erstrahlte das überlebensgroße, goldene Abbild des jungen Königs auf einem prächtigen mumienförmigen Sarg. Die Stirn des Pharaos zierte der königliche Kopfschmuck mit der Uräusschlange und dem Geier als Wahrzeichen seiner Herrschaft über Unter- und Oberägypten. Die Arme waren über der Brust verschränkt, und in den Händen hielt er die Zeichen königlicher Macht: Krummstab und Geißel.

Der Sarg war riesig. „Es müssen sich noch weitere Särge im Innern befinden", stellte Howard Carter fest.

Ergriffen verließen die Gäste die Sargkammer und folgten Arthur Callender zu einem schattigen Platz, wo zur Feier des Ereignisses Tee ausgeschenkt wurde. Ehe sich die Gäste verabschiedeten, ergriff Howard Carter die Gelegenheit, einem Regierungsbeamten ein Anliegen vorzutragen. „Ich möchte gern auch den Ehefrauen meiner Mitarbeiter zeigen, was wir heute gesehen haben. Wären Sie damit einverstanden, wenn die Frauen morgen einen Blick in den Sarkophag werfen, bevor die Presse Zutritt bekommt?"

Die ägyptischen Behörden waren mit jedem Tag unzugänglicher geworden. Lord Carnarvons Wünsche hatten sie respektiert. Aber Carter mußte feststellen, daß er immer häufiger in heftige Auseinandersetzungen mit den Behörden verstrickt wurde. Er besaß einfach nicht Lord Carnavons Verhandlungsgeschick.

„Es spricht nichts dagegen", antwortete der Beamte steif. „Ich werde jedoch sicherheitshalber mit dem Minister Rücksprache halten."

Erschöpft von den körperlichen Anstrengungen des Tages und dem schier endlosen höflichen Geplauder, war Carter nur allzu froh, als die Besucher aufbrachen. Doch es zog ihn noch einmal zurück in die Sargkammer. Beeindruckt blickte er auf das sanfte und würdevolle Antlitz des goldenen Pharaos. Jetzt fiel ihm auch der rührend kleine Blumenkranz auf, der um die Kobra auf der Stirn des Pharaos geschlungen war. Hatte die Witwe des jungen Königs diesen Kranz als Abschiedsgruß zurückgelassen? In diesem Augenblick schien es Carter, als sei sie ganz in der Nähe.

Am nächsten Morgen, eine Stunde bevor Howard Carter die Sargkammer zusammen mit den Ehefrauen seiner Mitarbeiter besichtigen wollte, traf ein Regierungsbote auf einem Esel vor Carters Haus ein.

„Es tut mir sehr leid, Sir", sagte er und übergab Howard Carter ein Schreiben der Regierung. „Aber ich muß Ihnen

TOMB LOCKED AGAINST Mr. CARTER.

LUXOR SURPRISE.

GOVERNMENT GUARD POSTED.

A deadlock has been reached in the Valley of the Kings at Luxor, where on Tuesday Mr. Howard Carter opened the sarcophag the Pharaoh Tut

(Links) Dieses wunderschön gearbeitete Doppelgefäß stellt den König im Diesseits *(rechts)* und im Jenseits dar *(links)*. Im Jenseits ist der König mit schwarzer Hautfarbe abgebildet, da die Farbe Schwarz das Symbol für neues Leben war. *(Oben)* Die Nachricht, daß Howard Carter seine Ausgrabungen aufgeben mußte, machte auf der ganzen Welt Schlagzeilen.

mitteilen, daß Sie außer der Presse niemanden in die Sargkammer lassen dürfen."

„Wie bitte . . .?" fragte Howard Carter verwundert und riß den Briefumschlag auf.

Er war wütend. Jetzt hatte er endgültig genug von der Willkür der Regierungsbeamten. Er hielt den Beweis in Händen, daß sie ihn und seine Mitarbeiter vorsätzlich verärgern wollten. Wie konnten sie es wagen, ihn so vor den Kopf zu stoßen nach all der Arbeit, die er geleistet hatte! Er zeigte den Brief seinen Freunden. Sie beschlossen, die Arbeit niederzulegen.

Mit dem einzigen Schlüsselbund ging Howard Carter zur Ausgrabungsstätte. Er verschloß die inzwischen eingebauten Stahltüren, die zum Grab und zum Laboratorium führten. In der Sargkammer schwebte die schwere Deckplatte des Sarkophags, nur von einigen Stricken gehalten, über dem kostbaren, vergoldeten Sarg.

„Reis Ahmed!" rief Howard Carter. Der Vorarbeiter eilte herbei, und Carter erklärte ihm, was geschehen war. „Ich möchte, daß du hier bleibst und den Eingang zum Grab bewachst. Ich komme so schnell wie möglich zurück."

„Aber der Deckel des Sarkophags . . .", wandte der Vorarbeiter ein.

Doch Howard Carter hörte ihn nicht mehr. Er war schon auf dem Weg nach Luxor zum Winter Palace Hotel, wo er folgende Notiz in der Halle am Schwarzen Brett anbrachte:

AUFGRUND DER UNMÖGLICHEN BESCHRÄNKUNGEN UND UNHÖFLICHKEITEN VON SEITEN DES MINISTERIUMS FÜR ÖFFENTLICHE ARBEIT UND DER ALTERTÜMERVERWALTUNG WEIGERN SICH MEINE MITARBEITER, DIE WISSENSCHAFTLICHE ERFORSCHUNG DES GRABES VON TUTENCHAMUN FORTZUSETZEN.

Diese überstürzte Reaktion veranlaßte die ägyptischen Behörden, die Ausgrabungskonzession für Howard Carter und Lady Carnarvon im Tal der Könige aufzuheben. Soldaten der Regierung zwangen Reis Ahmed Gurgar, seinen Wachposten vor dem Grab aufzugeben, sie drangen in die Grabstätte ein und übernahmen die Kontrolle. In der Sargkammer hatten sich die Seile, die den Sarkophagdeckel in der Schwebe hielten, so weit gedehnt, daß die Platte den Sarg beinahe berührte. Sie wurde herabgelassen, und die Behörden gaben bekannt, daß sie die Arbeiten an der Ausgrabungsstätte selbst fortsetzen würden. Und zu Howard Carters Entsetzen wurden nun jeden Tag Hunderte von Besuchern in das Grab eingelassen, ohne daß die unersetzlichen Schätze angemessen geschützt worden wären.

Howard Carter verließ Ägypten kurze Zeit darauf. Er war fest davon überzeugt, daß er das königliche Grab nie wiedersehen würde.

FÜNFTES KAPITEL

Die Mumie des Pharaos

Tal der Könige, Ägypten, 1925

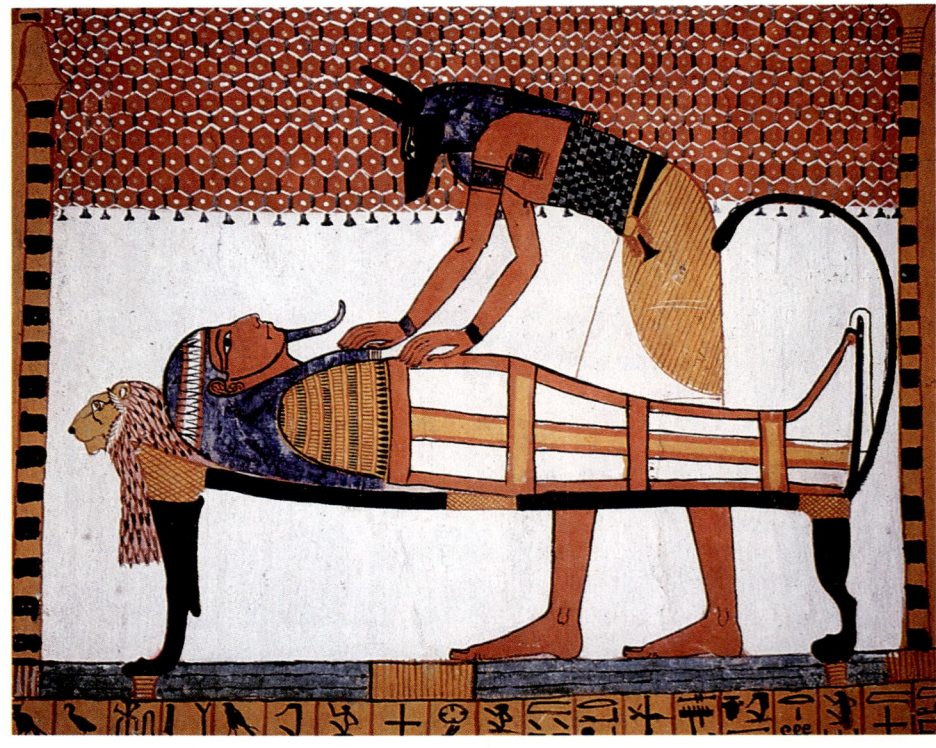

Der schakalköpfige Gott Anubis, der die Balsamierung beaufsichtigte, setzt einem mumifizierten Toten die Maske auf.

Herr Carter!" rief Reis Ahmed und eilte winkend den überfüllten Bahnsteig des Bahnhofs in Luxor entlang.

Howard Carter kämpfte sich mit seinem schweren Gepäck durch die Menschenmassen. Er traute seinen Augen kaum, als er den treuen Vorarbeiter sah. Nun war schon beinahe ein Jahr seit seiner Abreise aus Ägypten vergangen, und trotzdem war es Reis Ahmed gelungen, herauszufinden, wann er ankommen würde, und ihn, wie gewohnt, am Bahnhof abzuholen.

„Es ist schön, wieder in Ägypten zu sein", sagte Howard Carter und schüttelte Reis Ahmed kräftig die Hand. „Wie steht es denn mit dem Grab?"

„Es ist alles vorbereitet. Wir können sofort mit der Arbeit beginnen", antwortete der Vorarbeiter stolz.

Während Carters Abwesenheit hatte die Regierung gewechselt. Der neue Minister, in dessen Zuständigkeitsbereich die archäologischen Ausgrabungen fielen, hatte Lady Carnarvons Konzession für weitere Arbeiten im Grab von Tutenchamun bestätigt. Alle hatten offenbar erkannt, daß sich kein geeigneterer Archäologe als Howard Carter für diese Aufgabe finden ließ, und die Erleichterung war groß, als er einwilligte, nach Ägypten zurückzukehren.

Lady Carnarvon hatte inzwischen zugestimmt, alle Schätze in Ägypten zu belassen. Auch der Vertrag, der der *Times* die Exklusivrechte an den Veröffentlichungen aller Nachrichten über die Ausgrabung sicherte, wurde gelöst.

Trotz Reis Ahmeds Beteuerung, daß keiner der wertvollen Gegenstände im Grab oder im Laboratorium beschädigt worden sei, war Howard Carter sehr nervös, als sie sich nun dem Tal näherten. Während seiner Abwesenheit hatten ihn Alpträume geplagt, in denen Tausende von neugierigen Menschen die Sargkammer stürmten, die kostbaren Kunstschätze betasteten, zarte Alabastergefäße zerbrachen und kleinere Schmuckstücke in Jackentaschen verschwinden ließen. War es möglich, daß er alles so vorfinden würde, wie er es hinterlassen hatte?

Das Tal erschien ihm heute schöner denn je. Die Sonne

ging gerade unter, und die steilen Felsen und Hügel warfen lange Schatten. Schon funkelten die ersten Sterne am leuchtend violetten Himmel.

Einen so klaren Himmel gibt es nur in Ägypten, dachte Carter.

Als er das Grab betrat, war es schon fast dunkel. Erleichtert atmete er auf: Nichts schien verändert. Dann ging er zum Labor hinüber. Dort fand er das morsche Bahrtuch, das den zweiten Schrein bedeckt hatte. Es war heruntergefallen und auf dem Boden liegengeblieben. Als er es aufheben wollte, zerfiel es zu Staub. „Das hätte ich mir denken können", sagte er, und blickte betrübt auf die Überreste des Stoffes, „aber es sieht so aus, als seien alle anderen Dinge unversehrt geblieben." Carter dachte wieder an die schlimmen Alpträume, die ihn verfolgt hatten, als er zu dieser Zwangspause verurteilt war und die Arbeiten am Grab nicht beaufsichtigen konnte.

Einige Monate später war der Augenblick gekommen, auf den Howard Carter so lange gewartet hatte. Endlich sollte der vergoldete Sarg geöffnet werden.

Howard Carter, Arthur Callender und andere Mitglieder des Grabungsteams versammelten sich um den Sarkophag. Nachdem Flaschenzüge an den vier Silbergriffen des Sargdeckels befestigt worden waren, konnte er ohne besondere Mühe angehoben werden. Im Inneren des Sarges lagen auf einem Leinentuch verstreut Girlanden aus Kornblumen, blauen Lotosblüten, Olivenzweigen und Weidenblättern. Sie waren so gut erhalten, daß man erkennen konnte, um welche Blumen es sich handelte.

Nachdem Carter die Tücher und Blumengirlanden vorsichtig entfernt hatte, erblickte er einen weiteren mit Blattgold bedeckten, mumienförmigen Sarg, der noch herrlicher und sorgfältiger gearbeitet war als der erste. Auch dieser Sarg stellte Tutenchamun mit den Zeichen seiner königlichen Macht dar.

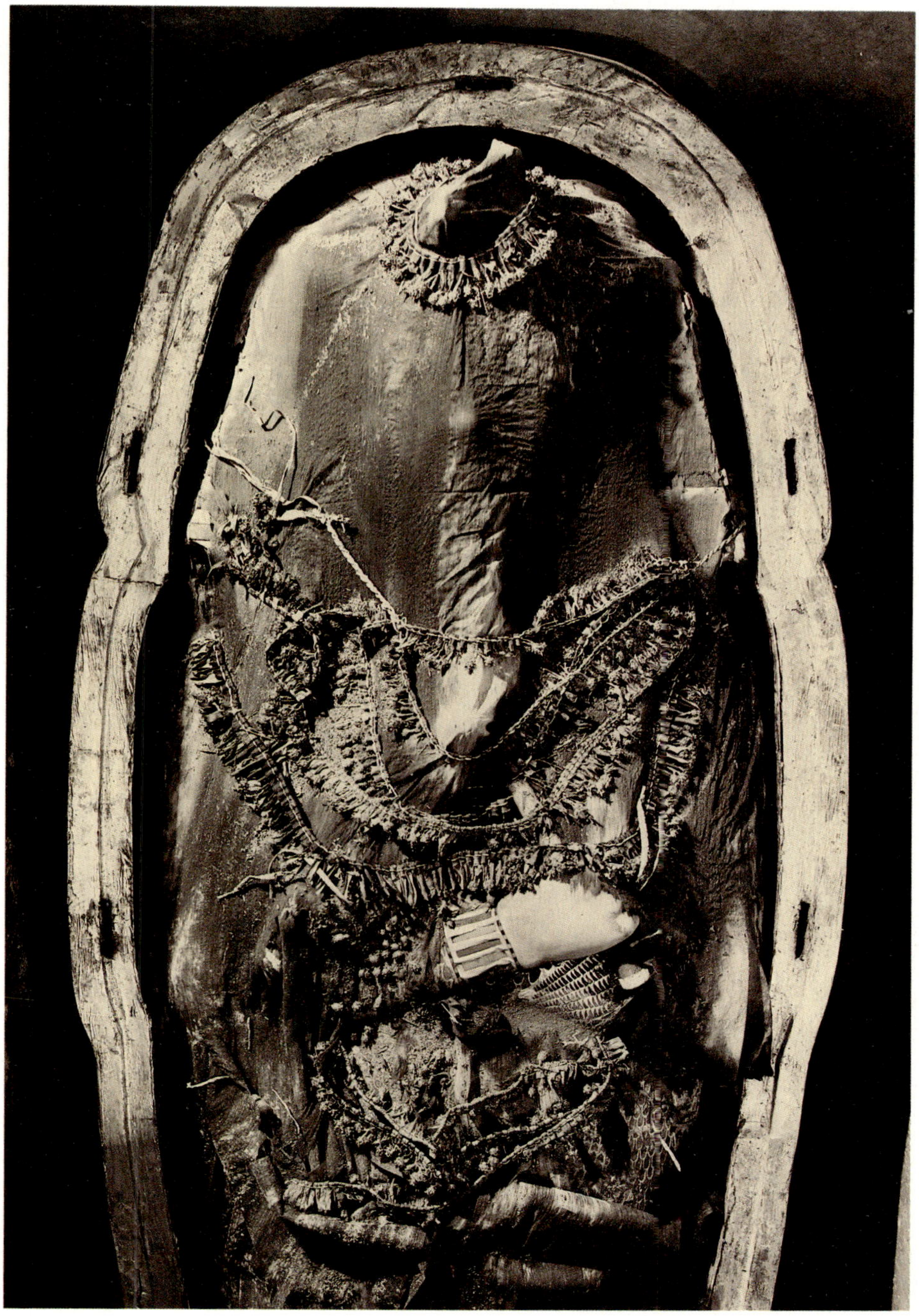

(Oben) Als Howard Carter den Deckel des ersten Sarges abnehmen ließ, fand er einen zweiten Sarg, der in ein Bahrtuch gehüllt war. Der zweite Sarg mußte mit Flaschenzügen aus dem ersten herausgehoben werden, bevor dessen Deckel abgenommen werden konnte (links).

Die Särge des jungen Pharaos

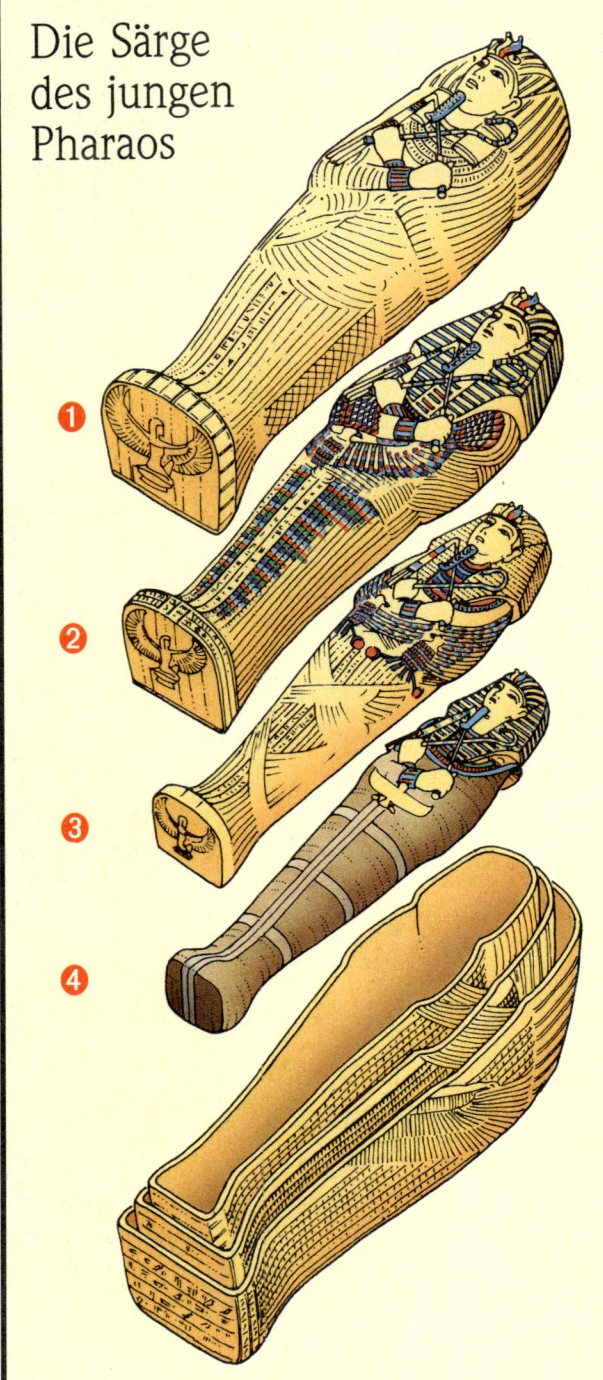

❶

❷

❸

❹

1) Tutenchamuns erster Sarg war ganz aus Holz gearbeitet und mit einer dünnen Schicht Blattgold belegt. *(Siehe Seite 45)*

2) Der zweite Holzsarg war ebenfalls mit Blattgold überzogen und reich mit farbigem Glas verziert. *(Siehe oben rechts)*

3) Der dritte Sarg bestand aus massivem Gold. *(Siehe Seite 53)*

4) Die Mumie war mit Goldbändern geschmückt, eine Goldmaske bedeckte den Kopf und die Schultern, die Hände waren in Blattgold gehüllt. *(Siehe Seite 54 und 55)*

„Wie viel Liebe und Hochachtung muß dem toten Pharao gegolten haben!" staunte Arthur Callender. „Seht, wie nahtlos die Särge ineinanderpassen!"

„Wir müssen eine Möglichkeit finden, sie aus dem Steinsarkophag herauszuholen, damit wir ihren Inhalt leichter untersuchen können."

Mit Flaschenzügen gelang es, den äußeren Sarg aus dem Sarkophag zu heben. Die ganze Kraft von acht starken Männern war dazu nötig.

„Was, um Himmels willen, ist hieran so schwer?" stöhnte Arthur Callender und wischte sich den Schweiß von der Stirn.

Howard Carter beugte sich über den zweiten vergoldeten Sarg und bürstete mit einem weichen Pinsel vorsichtig Leinenreste von der Maske des Königs. Über die Brust des Pharaos breitete sich ein Falken-**Pektoral**, reich verziert mit farbigen Glasstückchen, die roten Jaspis, Lapislazuli, Türkise und andere Halbedelsteine nachahmten. Die vergoldete Oberfläche des Sarges war mit einem feinen Federmuster und mit Einlegearbeiten aus buntem Glas geschmückt. Howard Carter bemerkte, daß sich einige der Glasstückchen zu lösen begannen.

„Das liegt wahrscheinlich an der hohen Luftfeuchtigkeit", stellte Arthur Callender fest.

„Hoffentlich ist die Mumie nicht beschädigt." Howard Carter war besorgt.

Als die Männer den Deckel des zweiten Sarges abnahmen, kam ein dritter mumienförmiger Sarg zum Vorschein, der fast völlig in rötliches Leinentuch gehüllt war. Nur das goldgehämmerte Antlitz war zu sehen. Um Hals und Brust lag ein wunderbarer Kragen aus Glasperlen und Blumen, Blättern, Beeren und Früchten, die auf eine Papyrusunterlage genäht waren. Mit zitternden Händen entfernte Howard Carter den einzigartigen Brustschmuck und hob das rote Leinentuch an. Das Herz schlug ihm bis zum Hals.

Der reichverzierte Sarg war groß genug, einen dritten Sarg aufzunehmen, in dem dann die Mumie des Königs lag.

Der dritte Sarg bestand aus massivem Gold.

Einige Minuten lang waren die Männer stumm vor Staunen. „Solche unerhörten Reichtümer gab man den Pharaonen mit ins Grab! Kein Wunder, daß die Grabräuber alles versuchten, um in den Besitz dieser unermeßlichen Goldschätze zu kommen und zu äußerster Verwegenheit gereizt wurden", sagte Howard Carter staunend. In seinen kühnsten Träumen hatte er nicht zu hoffen gewagt, solche Kostbarkeiten zu finden.

„Pures Gold! Deshalb war der Sarg so schwer", fügte Arthur Callender hinzu.

Der dritte der drei Särge war am reichsten verziert, mit Halsschmuck und einem Falkenkragen, der mit schimmernden Halbedelsteinen ausgelegt war. Geflügelte Göttinnen umspannten mit ihren ausgebreiteten Schwingen schützend den Körper des Königs. Große Teile der Verzierungen waren jedoch unter einer schwarzen, pechartigen Masse verborgen, die über den Sarg gegossen worden war.

Das Abbild auf dem zweiten Sargdeckel *(oben)* unterschied sich so stark von den anderen, daß Carter glaubte, dieser zweite Sarg sei nicht für Tutenchamun gefertigt worden. Als der Deckel geöffnet wurde, war ein dritter Sarg *(links)* zu sehen, der in ein rotes Bahrtuch gehüllt war.

Bevor Howard Carter den dritten Sarg öffnen konnte, mußte er eine schwarze, pechartige Masse entfernen, die sich im Laufe der Zeit aus dem geronnenen Salböl gebildet hatte, das reichlich über den Sarg gegossen worden war.

„Was kann das bloß sein?" fragte Harry Burton, während er seine Kamera für die nächsten Aufnahmen bereit machte.

„Es ist wahrscheinlich Salböl", meinte Carter, „das im Laufe der Zeit geronnen und so zäh wie Teer geworden ist. Leider ist so viel davon verwendet worden, daß dieser Sarg dadurch fest am Boden des zweiten Sarges klebt."

Ein Raunen ging durch den Raum, als Howard Carter und Arthur Callender sowie zwei andere Mitarbeiter den Golddeckel an den Griffen packten, ihn abhoben und zur Seite stellten. Vor ihnen lag die Mumie des Königs.

Howard Carter konnte sehen, daß sie säuberlich in Leinenstreifen gewickelt war, die von verzierten Goldbändern und Schnüren zusammengehalten wurden. Die Mumie war mit dem gleichen Salböl verschwenderisch übergossen worden, das er auch auf dem Sargdeckel vorgefunden hatte.

Im Gegensatz zu dieser düsteren schwarzen Masse strahlte die prächtige Goldmaske des Königs. Sie bedeckte den Kopf und die Schultern und war künstlerisch vollendet gestaltet, ein Meisterstück antiker Bildniskunst. Das gefältelte Kopftuch des Königs wies Einlegearbeiten aus blauem

Glas auf. Geier und Kobra, die in massivem Gold ausgeführten Zeichen königlicher Macht, schmückten die Stirn, bereit, Feinde abzuwehren. Der Gesichtsausdruck des Pharaos war voll ergreifender Trauer und Ruhe. Es war das Gesicht eines Menschen, der nicht mit einem so frühen Tod gerechnet hatte, dachte Howard Carter.

Die Hände lagen gekreuzt über der Brust. Es waren Einzelstücke aus poliertem Blattgold, die an die Leinenumwicklung der Mumie angenäht worden waren. Sie umfaßten die Geißel und den Krummstab. Über der Brust des Königs hatte ein goldener Vogel seine Schwingen ausgebreitet. Dies war das Sinnbild für die Seele des Königs. Die Ägypter glaubten, die Seele verlasse den Körper nach dem Tod, kehre aber zurück, sobald sie für das ewige Leben bereit sei. Aus diesem Grund sorgten sie dafür, daß die Gräber mit allem ausgestattet wurden, was für ein glückliches Leben nach dem Tode benötigt werden könnte. Daher kam auch der Mumifizierung der Toten so große Bedeutung zu. Der Körper mußte lebensecht erhalten bleiben, damit die Seele ihn wiedererkennen konnte, wenn sie zurückkehrte.

Da die gleiche pechartige Masse, die über den Goldsarg gegossen worden war, auch die Mumie bedeckte, klebte die Maske an der Mumie und die Mumie am Boden des Sarges. Die Männer trugen den schweren Sarg nach draußen und hofften, die sengende Mittagssonne würde das verhärtete Salböl aufweichen. Aber nichts dergleichen geschah. Sie mußten also die Mumie im Sarg untersuchen.

Am 11. November 1925 begann die Untersuchung der Königsmumie in Anwesenheit zweier Ärzte, Dr. Derry und Dr. Hamdi.

„Ich fürchte, die Mumie ist nicht sehr gut erhalten", teilte Dr. Derry Howard Carter besorgt mit, nachdem er die bandagierte Gestalt genau betrachtet hatte. „Die Haut unter den Leinenbinden ist wahrscheinlich verkohlt."

Wie erwartet, zerbröckelten die morschen Leinenbinden bei der leichtesten Berührung. Die beiden Ärzte beschlossen daher, alle offenliegenden Teile der Mumie mit flüssigem Wachs zu bestreichen, um sie so zu konservieren, bevor der erste Einschnitt in die Leinenbinden vorgenommen werden würde.

Howard Carter wurde ganz sonderbar zumute, als sich einer der Ärzte der Mumie mit dem Skalpell näherte. Dürfen wir das überhaupt tun, fragte er sich. Vom ersten Augenblick an, als er und Lord Carnarvon, Lady Evelyn und Arthur Callender das Königsgrab betreten hatten, war er von der überaus großen Sorgfalt und dem tiefen Mitgefühl gerührt, mit dem die alten Ägypter ihren jungen König beigesetzt hatten. Welches Recht besaß er, ihr liebevolles Werk zunichte zu machen und die Totenruhe des Königs zu stören?

Aber gleichzeitig war sich Carter bewußt, daß die Sargkammer ausgeräumt und die Mumie enthüllt werden mußte – allein schon deshalb, weil dadurch unschätzbare Erkenntnisse über das Leben der Ägypter vor Jahrtausenden gewonnen werden konnten. Durch seine Arbeit der letzten Jahre war viel über die Bestattungsbräuche sowie über die hohe handwerkliche Meisterschaft dieser alten Zivilisation bekanntgeworden. Diese Arbeit stellte einen wichtigen Beitrag zur Erforschung der Geschichte Ägyptens dar.

Die Nachricht von den Schätzen und der Mumie Tutenchamuns war um die Welt gegangen. Carter wußte, daß die Grabstätte nun nicht länger unberührt bleiben würde. Fiele sie modernen Grabräubern in

(Oben) Der dritte Sarg war aus massivem Gold gefertigt und mit Einlagen aus schimmernden Halbedelsteinen verziert. Den Fußteil des Sarges schmückte dieses Reliefbild der geflügelten Isis *(links)*.

Tutenchamuns Mumie war reich mit Goldschmuck ausgestattet: Auf der Brust lagen Hände aus Blattgold *(rechts)*, die an das Leinentuch genäht waren. Den Kopf der Mumie bedeckte die schönste Goldmaske *(unten)*, die jemals gefunden wurde. Howard Carter war der Ansicht, daß die Goldmaske ein Abbild des Königs bot.

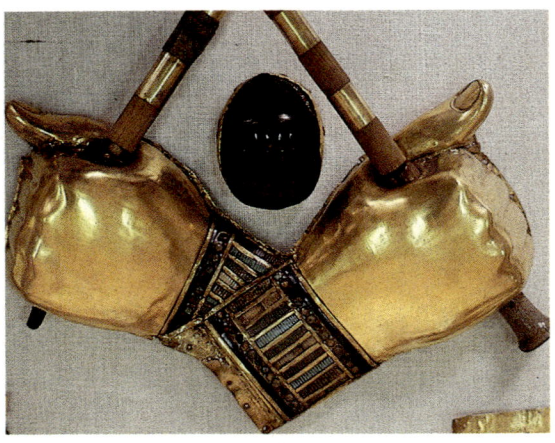

die Hände, wäre sie für die Forschung für immer verloren.

Dr. Derry nahm einen nicht sehr tiefen Einschnitt in die mehrlagigen Leinenbinden, unterhalb der Goldmaske bis zu den Füßen, vor und schlug die zerbröckelnde Umhüllung beiseite. Nicht ein einziges Stück der Binden blieb unversehrt.

„Wir werden nie mehr feststellen können, wie die Mumie bandagiert war", klagte Howard Carter.

„Leider", stimmte Dr. Derry zu. „Aber man kann sehen, daß die Finger, Zehen, Arme und Beine einzeln umwickelt waren, bevor sie in die Bandagen, die den ganzen Körper umhüllen, eingebunden wurden."

Howard Carter beugte sich über die Mumie und untersuchte mit einer Lupe die unterste Lage der Umhüllung. Zu seiner Enttäuschung war sie völlig verkohlt. Trotzdem konnte er sehen, daß unmittelbar am Körper nur feinster Batist verwendet worden war.

Während die Männer die zerbröckelnden Leinenbinden vom Körper der Mumie entfernten, fanden sie über hundert Schmuckstücke und **Amulette**, also Glücksbringer, die den jungen König vor den Gefahren im Jenseits schützen sollten. Um den Hals trug er, übereinander angeordnet, mehrere Halsbänder und Halskragen. Die Arme waren unter den zahllosen prächtigen Armreifen, die reich mit Halbedelsteinen besetzt waren, kaum zu erkennen. Dreizehn Ringe schmückten die Finger. Die Füße steckten in Goldsandalen; Hülsen aus Blattgold schützten die Zehen. An Tutenchamuns Hüfte saß ein Dolch mit goldenem Griff und einer Klinge aus geschmiedetem Eisen, einem Metall, das zu jener Zeit selten und daher äußerst wertvoll war.

Nachdem alle Leinenbinden entfernt worden waren, konnte Howard Carter sehen, daß Tutenchamuns Körper von Rissen überzogen war und sehr zerbrechlich wirkte. Die Haut hatte eine graue Farbe, die Gliedmaßen waren geschrumpft und sehr dünn. Howard Carter fand die

(*Rechts*) Im dritten Sarg lag die Mumie des Königs. Die schweren Goldbänder (*oben*), die die Leinenhüllen umschlossen, sind mit Sprüchen versehen, die die Seele im Totenreich willkommen heißen.

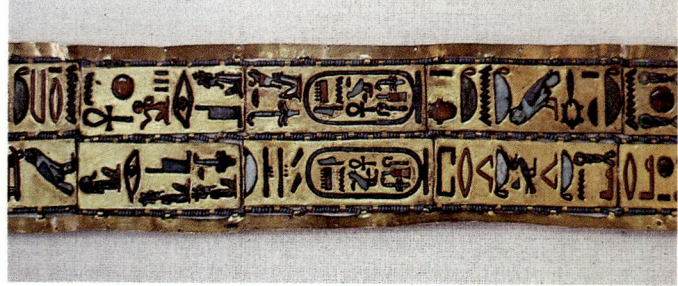

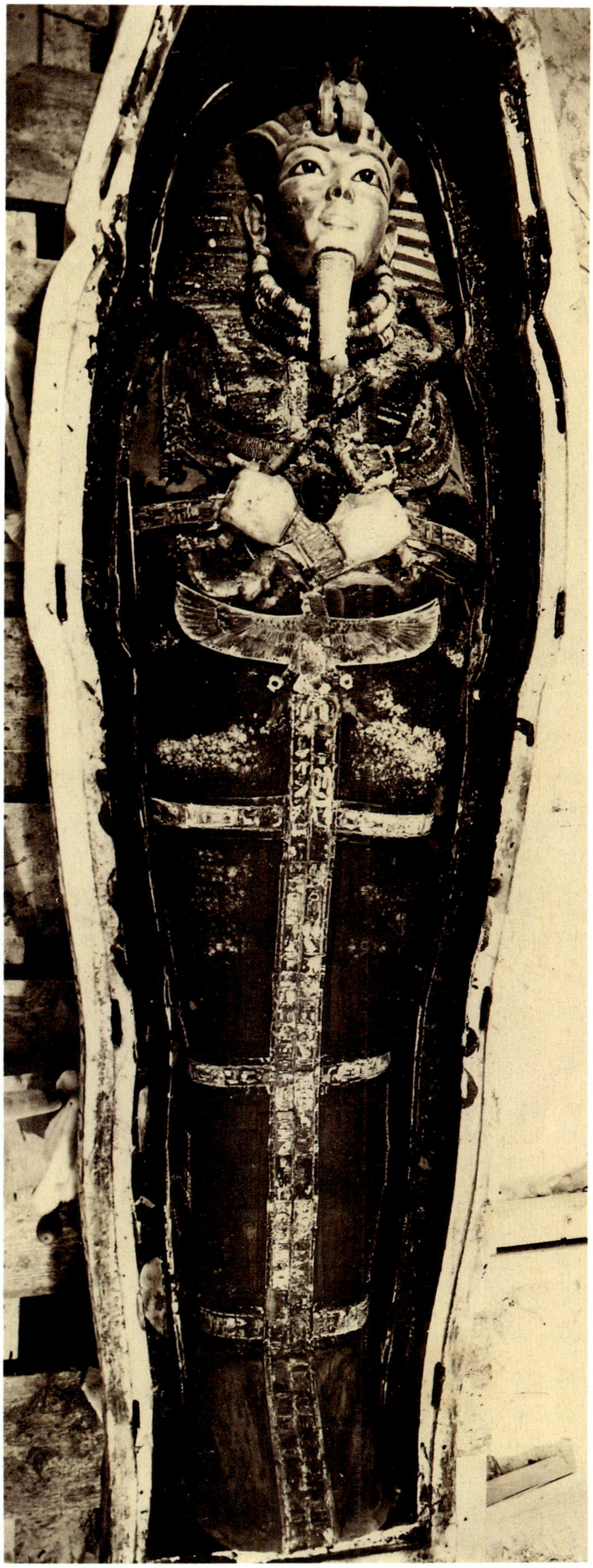

Körperstelle, wo die **Balsamierer** den Einschnitt vorgenommen hatten, um die wertvollen inneren Organe des Königs zu entnehmen.

Bevor der Kopf der Mumie untersucht werden konnte, mußte die Goldmaske abgenommen werden. Da der Kopf fest an der Maske klebte, mußten die Ärzte schließlich erhitzte Messer zwischen Maske und Kopf schieben, um beides voneinander zu trennen. Als sie einige Lagen der Bandagen entfernt hatten, sahen sie, daß der König ein breites Stirnband aus poliertem Gold trug. Mit besonderer Sorgfalt machten sie sich daran, die letzten Leinenhüllen von dem stark verkohlten Kopf der Mumie abzunehmen.

Endlich konnte Howard Carter in das Gesicht des jungen Pharaos sehen.

Auffallend war die Ähnlichkeit mit den schönen Gesichtszügen der Goldmaske. Tutenchamun trug eine kunstvoll mit Perlen im Schlangenmuster besetzte Königshaube, die sich an den geschorenen Kopf schmiegte. Die Augen des Königs waren offen, die Nase war durch die Binden etwas plattgedrückt. Starke, weiße Zähne waren zwischen den geöffneten, scharf gezeichneten Lippen zu sehen.

Nachdem Dr. Derry und Dr. Hamdi die zerbrechlichen Knochen Tutenchamuns untersucht hatten, schätzten sie, daß er etwa 1,65 m groß und von zierlicher Gestalt gewesen sein mußte, als er im Alter von etwa achtzehn Jahren starb.

„Woran ist er wohl gestorben?" wollte Howard Carter wissen.

„Ich weiß es nicht", entgegnete Dr. Derry. „Es ist seltsam, daß er so jung starb, denn ich konnte keine Anzeichen einer Krankheit feststellen. Ich nehme an, er hatte einen Unfall. Vielleicht ist er aber auch ermordet worden."

„Doch wir wissen wenigstens, zu welcher Jahreszeit er gestorben ist", sagte Arthur Callender. „Die Blumen, die wir im Grab gefunden haben, blühen nur im März und April, also muß er Anfang des Jahres gestorben sein, denn die Einbalsamierung dauerte mindestens vierzig Tage."

Nachdem die anderen die Sargkammer schon lange verlassen hatten, konnte Carter sich nicht entschließen zu gehen. Er betrachtete immer wieder Tutenchamuns

Im alten Ägypten war es durchaus üblich, daß wohlhabende Knaben und Männer solche Ohrringe trugen. Tutenchamun wurden gleich mehrere Paar beigelegt (oben). An seiner Mumie sind die Löcher in den Ohrläppchen immer noch gut zu erkennen (rechts).

An den Füßen trug der König Sandalen aus getriebenem Gold (unten links). Jede Zehe steckte in einer besonderen Goldhülse (unten rechts), an der die Nägel und die ersten Zehenglieder angedeutet sind.

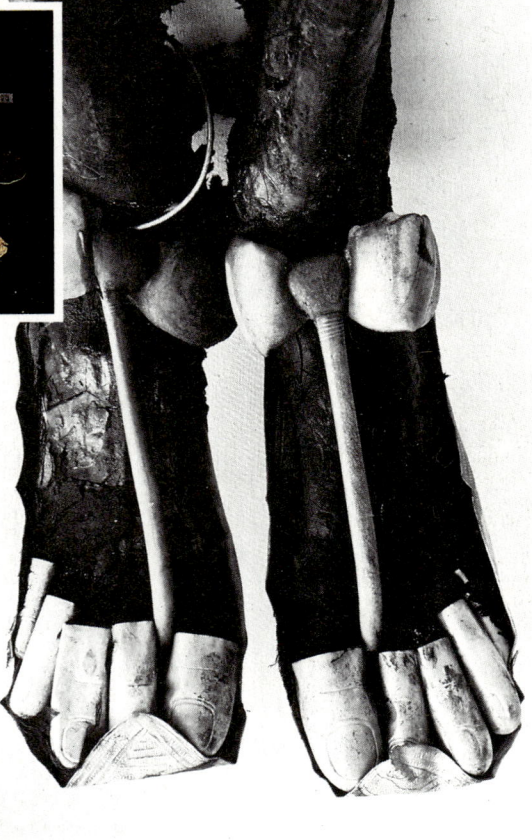

Mumie und mußte an Dr. Derrys Worte denken. Unfall? Mord?

Tutenchamun war noch sehr jung, als er starb.

Howard Carter erinnerte sich an all die ungewöhnlichen Dinge, die ihm aufgefallen waren, seitdem sie mit der Ausräumung des Grabes begonnen hatten. Das Grab war verhältnismäßig klein, die einfachen Wandgemälde in der Sargkammer schienen kaum eines Königs würdig. Die Schreine hatte man offenbar so eilig aufgebaut, daß sie in die falsche Richtung wiesen, und deren Seitenteile waren achtlos zusammengezimmert. Das Antlitz auf dem zweiten Sargdeckel, fiel Carter jetzt auf, hatte keine Ähnlichkeit mit den Gesichtern auf den anderen beiden Särgen. War der zweite Sarg für einen anderen Toten bestimmt gewesen und in letzter Minute für Tutenchamun bereitgestellt worden?

Konnte es sein, daß Tutenchamun ermordet worden war? Hatte einer seiner machthungrigen Berater der Regierungszeit des jungen Pharaos ein frühes Ende gesetzt? War die Grabstätte deswegen so eilig ausgehoben und die Grabbeigaben hastig zusammengestellt worden, damit niemand die genaue Todesursache untersuchen konnte?

Als Howard Carter an diesem Abend die Grabstätte verließ, dachte er an Lord Carnarvon und bedauerte, daß der Lord den Höhepunkt ihrer gemeinsamen Entdeckung nicht miterleben konnte.

Aber Carter hatte auch das Gefühl, daß Tutenchamun sich seinen Entdeckern entzog. Die Jahrhunderte hatten ihre Spuren am Körper des Königs hinterlassen. Er dachte an den goldenen Seelenvogel des Pharaos, der über die Mumie gelegt worden war. Wo war Tutenchamuns Seele jetzt, fragte er sich. Hatte sie den Körper des Königs wiedererkannt, als sie in das Grab zurückkehrte? War Tutenchamun im Jenseits wieder ein Pharao, von all seinen Schätzen umgeben? Oder kreiste seine Seele ruhelos am Nachthimmel über dem Tal der Könige?

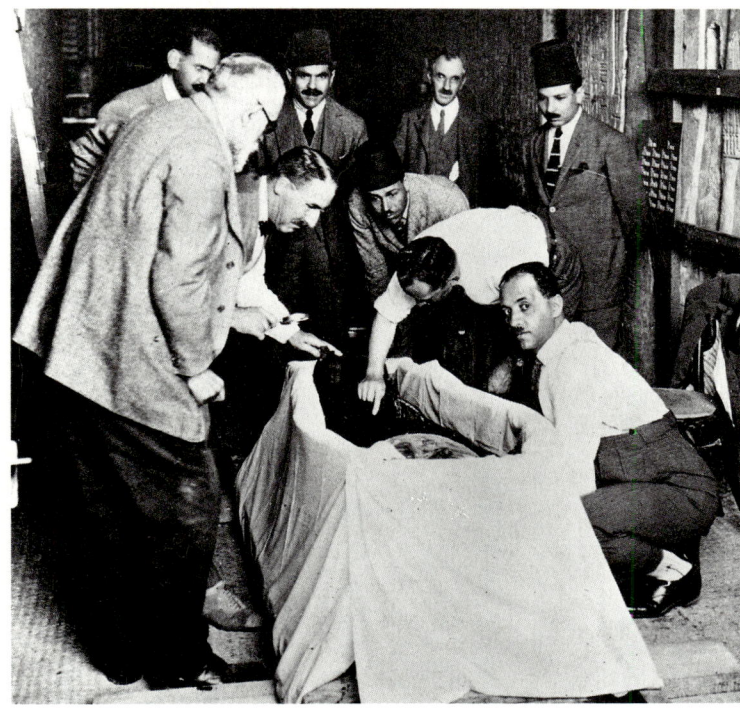

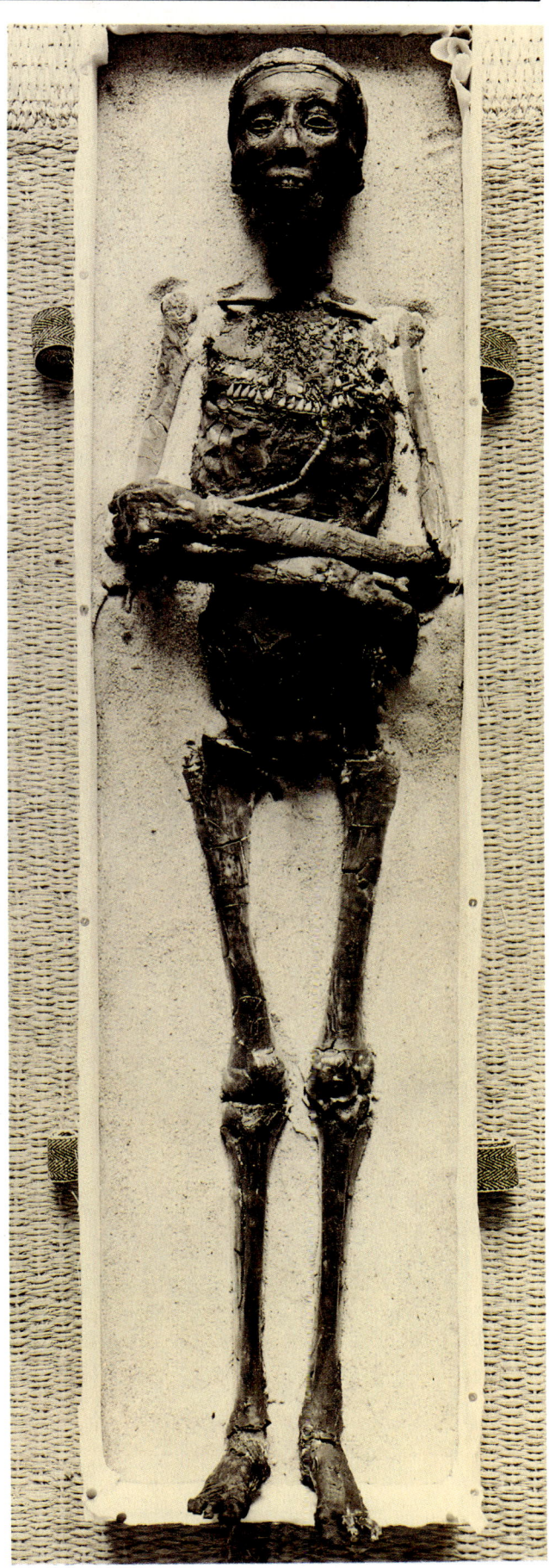

Howard Carter und ein Expertenteam *(oben)* enthüllen und untersuchen den Körper Tutenchamuns *(rechts)*.

Dieser Kragen in Form eines Geiers *(Mitte)* bedeckte Brust und Schultern der Mumie, die Dolche *(unten)* wurden in Hüfthöhe gefunden.

Das Geheimnis des Grabes

Hampshire, England, 1988

Den größten Teil des ersten Tages auf Schloß Highclere verbrachte ich damit, die zerbrechlichen Holzteile, die ich gefunden hatte, zusammenzusetzen. Nach und nach stellte sich heraus, daß es sich sogar um zwei Kästchen handelte. Die beiden antiken Schmuckschatullen sahen nun annähernd so aus wie vor Tausenden von Jahren. Ich hatte noch monatelange Arbeit vor mir, aber das war gar nichts, verglichen mit der Herausforderung, der sich Howard Carter seinerzeit gegenübersah.

Nachdem die Mumie untersucht worden war, erforschte Carter weitere sieben Jahre lang Tutenchamuns Grab. Zuerst barg er die Fundstücke aus der Schatzkammer, zumeist religiöse Gegenstände. Dann setzte er seine Arbeit in der kleinen Seitenkammer fort, die von den Grabräubern verwüstet worden war. Dort fand er viele Vorräte, die für das leibliche Wohl des Königs im Jenseits sorgen sollten: Brote, Linsen, Beeren, Honig, Gewürze und Mandeln.

(Oben) Eine der Schmuckschatullen, die, in Einzelteile zerlegt, auf Schloß Highclere *(ganz oben)* gefunden wurde. *(Rechts)* Die wunderschöne Goldmaske, die Kopf und Schultern der Mumie von Tutenchamun bedeckte.

Nachdem die erste Steinstufe zum Grab freigelegt worden war, hatte es noch zehn Jahre gedauert, bis Howard Carter sein Werk vollenden konnte, bis die unzähligen Schätze geborgen und für die Überführung in das Museum von Kairo verpackt waren. Als Carter schließlich nach London zurückkehrte, begann er, einen ausführlichen Bericht über seine Arbeit an Tutenchamuns Grabstätte zu schreiben. Er wollte andere Archäologen an seiner Entdeckung teilhaben lassen und auch die von ihm angewandten Ausgrabungs- und Konservierungstechniken darlegen.

Leider erkrankte Howard Carter und konnte seinen Bericht nicht vollenden. Obwohl sein Name einst durch alle Zeitungen ging, geriet er in seinen letzten Lebensjahren in Vergessenheit und starb 1939 als einsamer Mann. Nur einige wenige Freunde nahmen an seiner Beerdigung teil – darunter Lady Evelyn.

Ich verließ Schloß Highclere an diesem Tag bei Einbruch der Dunkelheit. Meine Gedanken waren immer noch bei der Entdeckung von Tutenchamuns Grab. Lord Carnarvons Reichtum und sein archäologisches Interesse sowie Howard Carters Erfahrungen, Kenntnisse und Entschlossenheit hatten die bedeutendste archäologische Entdeckung in der Geschichte ermöglicht. Das Grab des Tutenchamun war die einzige unversehrte königliche Grabstätte, die jemals entdeckt wurde. Niemals wieder wurde eine Mumie inmitten solcher Schätze gefunden, in verschachtelten Goldsärgen, in einem Steinsarkophag und dort, wo sie vor Tausenden von Jahren zur letzten Ruhe gebettet worden war.

Und niemals war bisher ein Grab mit solcher Sorgfalt und Rücksicht ausgeräumt worden.

Howard Carter behandelte jeden noch so unscheinbar wirkenden Gegenstand mit liebevoller Aufmerksamkeit und wissenschaftlichem Interesse. Er wußte, daß jedes noch so winzige Detail eine eigene Geschichte erzählen konnte. Er machte ausführliche Notizen und fertigte exakte Zeichnungen von allen Fundstücken an. Durch das überlegte Vorgehen von Lord Carnarvon und Howard Carter bei der Erforschung des Grabes von Tutenchamun hat die Welt erfahren, wie die alten Ägypter ihre toten Pharaonen bestatteten und über welch hervorragende Handwerker sie verfügten. Da mit Zeit und Geld bei den Bergungsarbeiten nicht gespart wurde, können sich die Menschen noch über viele Jahrhunderte an diesen Kostbarkeiten erfreuen.

Das Geheimnis der Wächterstatuen

Die beiden lebensgroßen Statuen von Tutenchamun *(unten),* die den Eingang der Sargkammer bewachten, sollten ihre Körper als Behausung für seine Seele bereitstellen, falls seiner Mumie etwas zustieß. Sie können jedoch auch noch eine andere Aufgabe gehabt haben. In den Schürzen der Statuen *(unteres, kleines Bild)* waren vielleicht solche Papyrusrollen versteckt, wie jenes Exemplar, das auf Schloß Highclere aufbewahrt wird *(oberes, kleines Bild),* aber aus einem anderen Grab stammt. Sollten sie je gefunden werden, könnten sie uns möglicherweise Auskunft über Religion und Bestattungsbräuche der alten Ägypter geben.

Aber Howard Carter war mit seiner Entdeckung nie völlig zufrieden. Er hatte gehofft, die Mumie in einem besseren Zustand vorzufinden, so daß die wahre Todesursache des jungen Königs bestimmt werden könnte. 1968 zeigten Röntgenaufnahmen von Tutenchamuns Schädel ein loses Knochenstück, was zu der Vermutung führte, er sei an den Folgen eines Schlages auf den Kopf gestorben. Aber ob diese Gewalteinwirkung vor oder nach dem Tode erfolgte, ob es ein Unfall oder Mord war, bleibt nach wie vor ein Rätsel.

Howard Carter war auch enttäuscht, daß er im Grab keine Papyrusrollen entdeckte, die ihm mehr über Tutenchamuns Regierungszeit hätten verraten können. Ich glaube jedoch, daß wir solche Rollen bald finden werden. Im Britischen Museum steht eine Wächterstatue aus einem anderen ägyptischen Grab, in der wahrscheinlich eine Papyrusrolle versteckt war. Dies brachte mich eines Tages auf die Idee, daß die Wächterstatuen aus Tutenchamuns Grab ebenfalls solche geheime Verstecke für Papyrusrollen sein könnten, denn sie sind der Statue im Britischen Museum sehr ähnlich. Vielleicht werden wir die Texte der heiligen Totenbücher Tutenchamuns in den Statuen finden, wenn wir diese demnächst untersuchen. Möglicherweise erhalten wir dann eine Erklärung dafür, wieso Tutenchamun zur Verehrung der alten Götter zurückkehrte.

Das Aufregendste an der Entdeckung des Grabes von Tutenchamun und der kürzlich auf Schloß Highclere gemachten Funde ist jedoch die Art und Weise, wie unser Leben mit dem der alten Ägypter verbunden ist. Die hölzerne Schmuckschatulle, die ich heute bewunderte, wurde von einem Menschen in Händen gehalten, der vor Tausenden von Jahren lebte. Die Schätze, die Tutenchamun beigelegt wurden, lassen den jungen König vor unseren Augen lebendig werden: Die glänzende Goldmaske zeigt uns, wie er aussah. Die Metallarbeiten an dem vergoldeten Thron

In dieser Szene auf der Rückenlehne des goldenen Throns verbringen Tutenchamun und seine Königin einen vergnügten Nachmittag in ihrem prächtigen Pavillon.

und die Bilder, die auf Kästen und Truhen gemalt wurden, stellen dar, daß er sich in der Gesellschaft seiner jungen Frau wohlfühlte und gern auf die Jagd ging. Die persönlichen Gegenstände, die Carter im Grab fand, – Spiele, Lebensmittel, Sandalen und sogar eine Locke von Tutenchamuns Großmutter – geben uns einen Einblick in das Alltagsleben des Königs. Plötzlich ist er mehr für uns als nur ein Name aus unserem Geschichtsbuch.

Die Kunstschätze aus Tutenchamuns Grab gingen als Wanderausstellung viele Jahre lang um die ganze Welt. Aber das ständige Einpacken und Auspacken begann den wertvollen Gegenständen zu schaden. Daher wurden sie schließlich in das Ägyptische Museum nach Kairo zurückgebracht. Die Mumie von Tutenchamun liegt in ihrem äußeren Sarg im Grab im Tal der Könige, wo sie mehr als

dreitausend Jahre ruhte. Dort wird sie von Millionen von Menschen besucht.

Die alten Ägypter glaubten, daß sie so lange im Jenseits weiterleben könnten, solange sich jemand ihres Namens erinnerte und ihn aussprach. Lord Carnarvon und Howard Carter haben mit ihrer faszinierenden Entdeckung Tutenchamun in der ganzen Welt bekannt gemacht. Jedesmal, wenn wir seinen Namen aussprechen, erfüllt sich so der Wunsch der alten Ägypter nach ewigem Leben.

Worterklärungen

Ägyptologe: Ein Wissenschaftler, der die Geschichte, die Kunst und Religion des alten Ägypten sowie die altägyptische Sprache erforscht.

Alabaster: Feinkörnige Gipsart; in reinem Zustand weiß und durchscheinend; bevorzugtes Material für die Herstellung von Kanopenkrügen, Statuetten, Kelchen, Vasen und Salbgefäßen.

Amulett: Am Körper getragener kleiner Gegenstand aus Ton, Glas, Stein, Bronze oder Gold, der dem Menschen durch Form oder Material Gesundheit, Glück und Kraft geben und Gefahren und böse Geister abwehren soll. In altägyptischer Zeit wurden Amulette auf Mumien gelegt, um ewiges Leben zu ermöglichen.

Anubis: Altägyptischer Gott, der die Toten balsamierte und ihre Gräber bewachte. Er wurde als Schakal oder als Mensch mit Schakalkopf dargestellt.

Archäologie: Altertumskunde, die sich mit dem Auffinden, dem Ausgraben und dem Erforschen von Resten aus alten Kulturen beschäftigt.

Artefakt: Ein von Menschen alter Kulturen gefertigtes Werkzeug oder ein Gegenstand aus Stein, Holz oder Metall.

Balsamierer: Ein Handwerker, dessen Beruf es war, Leichen vor der Beisetzung haltbar zu machen.

Ebenholz: Wertvolles, sehr hartes und haltbares schwarzes Holz, das für den Schiffsbau, für Tempeltore und für Särge hochgestellter Persönlichkeiten und Könige verwendet wurde.

Elfenbein: Die Stoßzähne des Elefanten bestehen aus Elfenbein. Es läßt sich wegen seiner geringen Härte sehr gut bearbeiten. Wunderschöne Geräte, Schmuckgegenstände und Figuren sind aus Elfenbein geschnitzt worden.

Hieroglyphen: Altägyptische Bilderschrift, in der Bildzeichen Wörter oder Silben darstellen.

Kanopen: Krüge, oft aus Alabaster, in die man die Eingeweide des Verstorbenen legte. Sie wurden mit ins Grab gegeben, damit der Tote so unversehrt wie möglich war.

Konzession: Hier: Offizielle Genehmigung, an einer bestimmten Stelle, unter bestimmten Bedingungen und für einen begrenzten Zeitraum Ausgrabungen vorzunehmen.

Mundöffnung: Zeremonie, bei der das Gesicht und der Mund des Toten mit einer fischschwanzförmigen doppelten Schneide berührt wurden. Man glaubte, daß der Verstorbene so erneut in den vollen Besitz seiner Sinnesorgane gelange und wieder atmen, sprechen, essen und trinken könne.

Natron: (Natriumhydrogencarbonat) Weißes Salz, das in vielen Teilen der Erde im Boden vorkommt. Natron wurde bei der Einbalsamierung zum Austrocknen des Körpers verwendet.

Nekropole: Griechische Bezeichnung für „Königstotenstadt". Die Gräber der altägyptischen Könige bildeten eine richtige Totenstadt, die bewacht und verwaltet wurde.

Papyrus: Schilfgewächs mit sehr hohem dreieckigen Halm, der, in Streifen geschnitten, kreuzweise übereinandergelegt und gepreßt, zu Schreibmaterial verarbeitet wurde. Das Wort bezeichnet gleichzeitig die Pflanze, das Schreibmaterial und das Schriftstück.

Pektoral: Kostbarer Brustschmuck, der den Körper magisch schützen sollte.

Pharao: Ursprünglich bedeutete dieses ägyptische Wort „Großes Haus" und bezeichnete den königlichen Palast, dann auch den König selbst. Später wurde das Wort als Titel vor den Namen des Königs gesetzt.

Quarzit: Sehr harter Stein mit hohem Quarzanteil und meist dichter, feinkörniger Struktur, der für Statuen und Sarkophage verwendet wurde.

Tal der Könige: Bezeichnung für ein Tal westlich von Theben im Wüstengebirge, wo viele Könige begraben wurden.

Tutenchamun: Ägyptischer König von 1347 v. Chr. bis 1337 v. Chr., Nachfolger Echnatons und vermutlich auch dessen Sohn. Tutenchamun war erst acht Jahre alt, als er den Thron bestieg, und er starb im Alter von etwa achtzehn Jahren unter ungeklärten Umständen. Über Tutenchamuns Regierungszeit ist bis heute so gut wie nichts bekannt.

Uräusschlange: Schutzgöttin von Unterägypten; Kobra; ihre Nachbildung wurde von altägyptischen Pharaonen an der Stirn als Zeichen ihrer Königsmacht getragen.

Mumifizierung

Die alten Ägypter glaubten, die Seele des Verstorbenen flöge während des Tages in eine andere Welt und kehre in der Nacht in den Körper des Toten zurück. Damit die Seele das ewige Leben erlangte, mußte sie den Körper, zu dem sie gehörte, wiedererkennen können, sonst mußte sie sterben. Daher waren die Ägypter bestrebt, den Körper eines Toten so lebensecht wie möglich zu erhalten. Die Mumifizierung sollte also das ewige Leben ermöglichen.

1 Nachdem man den toten Tutenchamun mit Wein und Gewürzen gesäubert hatte, wurden alle Körperteile, die schnell verwesen, herausgenommen. Mit einem langen Haken entfernte der Balsamierer das Gehirn durch die Nase. Dann wurde der Leib durch einen seitlichen Schnitt geöffnet, und die inneren Organe wurden entnommen: die Lunge, der Magen, die Leber und die Eingeweide.

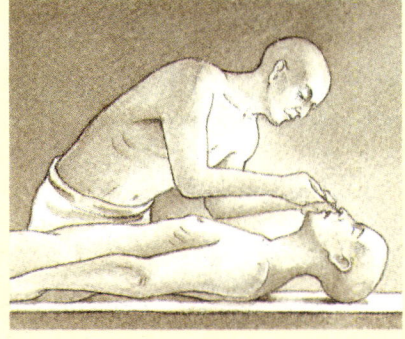

2 Der Leichnam wurde nun mit einem stark austrocknenden Salz, mit **Natron**, gefüllt. Anschließend bedeckte man den Körper völlig mit Natron und legte ihn auf einen schrägen Balsamiertisch, so daß die austretende Körperflüssigkeit aufgefangen und mit dem Toten beigesetzt werden konnte.

3 Während der Körper austrocknete, wurden die entnommenen inneren Organe ebenfalls mit Natron getrocknet, anschließend mit Leinenstreifen umwickelt und in kleine mumienförmige Särge gelegt, die man dann in einem viergeteilten Schrein aufbewahrte. Jedes Fach trug einen Deckel mit dem Antlitz des Pharaos.

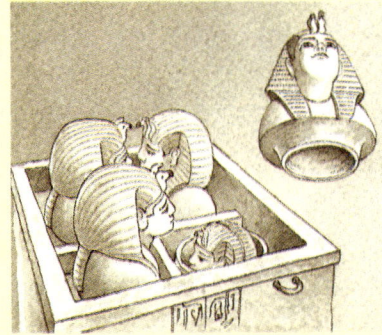

4 Nach vierzig Tagen war der Körper völlig ausgetrocknet und auch geschrumpft und konnte aus dem Natron genommen werden. Die Natronpäckchen aus dem Innern des Leichnams wurden entfernt, und der Verstorbene wurde innen und außen mit Ölen und Gewürzen gesalbt.

5 Kopf und Körper der Mumie wurden mit Leinentüchern ausgestopft, die mit wohlriechenden Ölen getränkt worden waren, so daß die Gestalt des Toten erhalten blieb. Danach schmückte man die Mumie mit Halsketten, Ringen und Armreifen aus Gold und Edelsteinen.

6 Der gesamte Körper wurde dann in Leinentücher eingeschlagen. Man wickelte etliche hundert Meter Leinenstreifen in mehreren Lagen um die Mumie, bis der Tote seine ursprüngliche Größe wiedererlangt hatte. Dies war eine schwierige Aufgabe und konnte bis zu einer Woche dauern. Zwischen die Leinenbinden wurden kleine Gegenstände gelegt, Amulette, die die Seele auf dem Weg ins Jenseits schützen sollten.

7 Nachdem die Mumie kunstvoll umwickelt war, wurde der Kopf mit einer Porträtmaske bedeckt, damit die Seele den Toten wiedererkennen konnte. Die Mumie legte man in ineinandergestellte, vergoldete Särge, die wiederum von einem Steinsarkophag aufgenommen wurden.

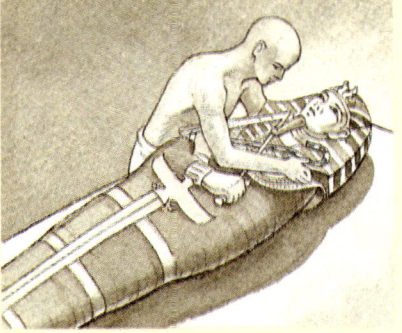

Lektüreliste

Kinder- und Jugendbücher, erschienen im Tessloff Verlag:

Caselli, Giovanni: SCHAUFENSTER DER ALTEN KULTUREN „Ägypten"
Clare, John D.: ICH WAR DABEI „Pyramiden"
Koenig, Viviane: WELT IN DER TASCHE „Pyramiden und Pharaonen"
Miguel, Pierre: „So lebten sie zur Zeit der Pharaonen"
Morley, Jacqueline: INNEN – AUSSEN „Eine Pyramide in Ägypten"
Oliphant, Margaret: „Die Welt der Ägypter"
Reichardt, Hans: WAS IST WAS Band 61 „Pyramiden"
Reichardt, Hans: WAS IST WAS Band 70 „Das alte Ägypten"
Roehrig, Catharine: „Spaß mit Hieroglyphen"
Tarnowski, Prof. Wolfgang: WAS IST WAS Band 84 „Mumien"

Weiterführende Literatur:

Ägyptisches Museum Berlin, Ausstellungskatalog TUTENCHAMUN, Verlag Philipp von Zabern, Mainz
Carter, Howard: Das Grab des Tut-ench-Amun, F. A. Brockhaus, Wiesbaden
Hoving, Thomas: Der goldene Pharao, Knaur, München
Vercoutter, Jean: Ägypten, Otto Maier, Ravensburg

MUSEEN UND SAMMLUNGEN

Wo befinden sich die Schätze aus Tutenchamuns Grab?
Kairo: Ägyptisches Museum, Midân et-Tahrîr, Kairo, Tel. 0 02 02/75 43 10

Wo kann man ägyptische Funde besichtigen?
Berlin: Bodemuseum, Museumsinsel, 1020 Berlin, Tel. (0 30) 20 35 50
Ägyptisches Museum, Schloßstraße 70, 1000 Berlin 19, Tel. (0 30) 3 20 91-261
Hannover: Kestner-Museum, Trammplatz 3, 3000 Hannover 1, Tel. (05 11) 168-21 20
Heidelberg: Ägyptologisches Institut der Universität Heidelberg, Marstallhof 4, 6900 Heidelberg 1, Tel. (0 62 21) 54 25 33/36
Hildesheim: Roemer- und Pelizaeus-Museum, Am Steine 1, 3200 Hildesheim, Tel. (0 51 21) 9 36 90
Leipzig: Ägyptisches Museum, Universität Leipzig, Schillerstraße 6, 7010 Leipzig, Tel. (03 41) 28 21 66
München: Staatliche Sammlung Ägyptischer Kunst, Hofgartenstraße (Residenz), 8000 München 2, Tel. (0 89) 23 80 51 92
Wien: Kunsthistorisches Museum, Ägyptisch-Orientalische Sammlung, Burgring 5, A-1010 Wien, Tel. (00 43/1) 5 21 77-489
Basel: Museum für Völkerkunde, Augustinergasse 2, CH-4001 Basel, Tel. (00 41/61) 2 66 55 00
Neuchâtel: Musée d'Ethnographie, 4 Rue Saint-Nicolas, CH-2006 Neuchâtel, Tel. (00 41/38) 24 41 20

Alle Museen bieten Führungen für Schulklassen (rechtzeitig anmelden! und manche auch spezielle Kinderführungen mehrmals jährlich an.

Bildnachweis

Einband, vorn: *(Oben)* The Robert Harding Picture Library *(Unten links)* Lehnert and Landrock *(Unten Mitte und rechts)* The Robert Harding Picture Library
Einband, hinten: *(Links)* Illustration von Stephen Hutchings *(Rechts)* Illustration von Jack McMaster und Margo Stahl *(Mitte)* © Kodansha Ltd.
Vor- und Nachsatz: The Robert Harding Picture Library
Seite 1: Lee Boltin
 3: © Kodansha Ltd.
4–5: The Robert Harding Picture Library
6–7: Illustration von Stephen Hutchings
8–9: The Griffith Institute
10: (Beide) David Cunningham
11: *(Oben)* Mit freundlicher Genehmigung aus Schloß Highclere *(Unten)* Claire Reeves
12: *(Oben)* The Times, Stephen Markeson *(Unten)* Arnaud Carpentier
13: *(Oben)* Mit freundlicher Genehmigung aus Schloß Highclere *(Kleines Foto links)* The Illustrated London News Picture Library *(Kleines Foto rechts)* Bettmann *(Unten)* The Times, Stephen Markeson.
14: Peter Christopher
15: *(Links und rechts)* Nicholas Reeves *(Mitte)* Peter Hayman
16: *(Oben)* Karten von Jack McMaster und Margo Stahl *(Unten)* C. M. Dixon
17: *(Links)* Zeichnung von Jack McMaster und Margo Stahl *(Rechts)* Peter Christopher
18: *(Oben)* The Ancient Art & Architecture Collection *(Unten links)* Nicholas Reeves *(Unten rechts)* The Griffith Institute
20: The Times

21: (Beide) The Griffith Institute
22: *(Großes Foto)* The Griffith Institute *(Kleines Foto)* The Illustrated London News Picture Library
23: *(Links)* The Griffith Institute *(Rechts)* The Robert Harding Picture Library
24: Zeichnung von Jack McMaster und Margo Stahl
25: *(Oben)* The Griffith Institute *(Mitte links und rechts)* The Robert Harding Picture Library *(Unten)* The Robert Harding Picture Library
26: *(Oben)* Zeichnung von Jack McMaster und Margo Stahl *(Unten)* The Ancient Art & Architecture Collection
27: (Beide) The Griffith Institute
28: The Robert Harding Picture Library
29: Zeichnung von Jack McMaster und Margo Stahl
30: The Robert Harding Picture Library
31: The Griffith Institute
32: *(Links)* The Times *(Rechts)* The Griffith Institute
33: *(Links und kleines Foto)* The Griffith Institute *(Rechts)* The Robert Harding Picture Library
34: (Beide) The Griffith Institute
35: *(Oben)* The Robert Harding Picture Library *(Unten links und rechts)* The Griffith Institute
36: Zeichnung von Jack McMaster und Margo Stahl *(Oben, unten links)* Lee Boltin *(Unten rechts)* The Robert Harding Picture Library
37: *(Oben)* The Robert Harding Picture Library *(Unten links)* Art Resource *(Unten rechts)* Bettmann
38: *(Oben)* Zeichnung von Jack McMaster und Margo Stahl *(Mitte links)* The Griffith Institute *(Mitte rechts, unten)* The Robert Harding Picture Library
39: *(Oben links, unten rechts)* The Griffith Institute *(Mitte links, oben rechts)* The Robert Harding Picture Library *(Unten links)* Lee Boltin
40: *(Oben)* The Robert Harding Picture Library

(Unten) UPI/Bettmann
41: *(Links, oben rechts)* The Griffith Institute *(Unten rechts)* Peter Hayman
42: The Griffith Institute
43: *(Großes Foto)* The Griffith Institute *(Kleines Foto)* Nicholas Reeves
44: *(Oben)* The Robert Harding Picture Library *(Unten)* The Griffith Institute
45: The Ancient Art & Architecture Collection
46: C. M. Dixon
47: *(Links)* Lee Boltin *(Rechts)* Nicholas Reeves
48: The Ancient Art & Architecture Collection
49: (Beide) The Griffith Institute
50: *(Links)* Zeichnung von Jack McMaster und Margo Stahl *(Oben)* The Robert Harding Picture Library
51: *(Oben)* The Robert Harding Picture Library *(Unten)* The Griffith Institute
52: The Griffith Institute
53: *(Oben)* The Robert Harding Picture Library *(Unten)* Nicholas Reeves
54: *(Oben)* Nicholas Reeves *(Unten)* The Robert Harding Picture Library
55: *(Oben)* Nicholas Reeves *(Rechts)* The Griffith Institute
56: *(Oben links)* Lee Boltin *(Oben rechts, unten rechts)* The Griffith Institute *(Unten links)* The Robert Harding Picture Library
57: *(Oben links)* The Mansell Collection *(Rechts)* The Griffith Institute *(Mitte links)* Lee Boltin *(Unten links)* The Robert Harding Picture Library
58: *(Oben)* AA Photo Library *(Darunter)* The Times, Stephen Markeson
59: © Kodansha Ltd.
60: *(Links)* The Robert Harding Picture Library *(Oben rechts)* Arnaud Carpentier *(Unten rechts)* Zeichnung von Jack McMaster und Margo Stahl
61: The Robert Harding Picture Library
63: Zeichnungen von Jack McMaster